대학 2.0 시대, 성공 DNA를 주입하라

홍영기 · 강호주 지음

지식의날개

성공을 위한 대학생활 지침서

성공적인 대학생활을 위해서는 우선 뚜렷한 목표가 있어야 한다. 목표가 설정되면 이를 달성할 구체적인 시행계획이 있어야 한다. 대학 4년을 어떻게 보내느냐에 따라 성공적인 사회생활이 결정된다 해도 과언이 아니다. 그만큼 대학은 사회생활을 위한 다양한 경험과 기회를 제공해주는 공간이다. 하지만 대부분의 학생들이 입시지옥으로부터 해방되었다는 기쁨 때문에 학과 공부에 소홀하거나 친구들과 어울려 술을 마시는 등 아무 계획 없이 보내는 경우가 허다하다. 그렇게 4년을 보내고 '취업'이라는 불이 발등에 떨어졌을 때 어학공부다 취업준비다 허둥대지만, 이미 때는 늦었다. 성공적으로 사회에 진출하기 위해서는 대학생활을 시작하는 순간부터 졸업 후 진로에 대한 계획을 수립하고 실천하여야 한다.

대학생활에서 또 하나 그 중요성을 빼놓을 수 없는 것이 바로 글쓰기와 발표이다. 자기가 전달하고자 하는 내용을 간결하고 설득력 있게 표현하는 능력은 사회적 경쟁력과 직결되기 때문이다. 사회가 복잡해지고 정보통신기술이 발달할수록 의사소통 능력은 더욱 중요해진다. 그럼에도 우리나라 교육은 학생들의 의사소통 능력을 제대로 키우지 못하고 있다. 글쓰기는 문학적인 글이 대부분이고 효과적으로 의사를 전달하는 실용적인 글쓰기를 다루지 않고 있다. 본문에 소개된 미국의 '힘 있는 글쓰기’ 기법은 원리는 간단하지만 효력은 강력하다.

이 책은 시간관리 및 목표설정, 글쓰기, 대인관계, 건강관리, 수업발표 전략 등 성공적인 대학생활을 위한 단계별 실천 전략에서부터 취업을 위한 자기소개서 작성 및 면접 전략을 상세하게 소개하고 있다. 또한 창의적인 사고를 위한 시각화 도구로 널리 사용되고 있는 로직 트리와 마인드맵 기술을 활용하여 학생들의 이해를 도와주고 있어 실용적인 가치가 매우 높다.

우리는 정보화 사회의 치열한 경쟁 속에 살고 있다. 대학생활을 효율적으로 보내기 위해서는 이제 목표를 세우고 이를 달성할 계획을 수립해야 한다. 이 책은 대학생들에게 성공적인 대학생활을 위한 좋은 지침서가 될 것이라 확신한다.

임 재 춘

『한국의 이공계는 글쓰기가 두렵다』의 저자, 국민대 교수

"생각하는 대로 살지 않으면
 머지않아 사는 대로 생각하게 된다."

이 말은 계획 없이 하루하루를 살다보면 사는 방법에 익숙해져 수동적인 삶을 살 수밖에 없다는 의미이다. 그렇다고 생각나는 대로 즉흥적으로 살 수는 없다. 아무 생각이나 다 가치 있는 것은 아니기 때문이다. 가치 있는 삶을 영위하기 위해서는 제대로 생각하고 계획할 수 있어야 하는 것이다.

우리는 살면서 수없이 많은 계획을 세운다. 그러나 계획대로 실천하는 사람은 그리 많지 않다. 또 계획을 세운다고 해서 모두 이룰 수 있는 것도 아니다. 어려서 세운 계획은 시간이 흐르면서 자신의 환경과 능력에 따라 수없이 바뀌고, 나이가 들어 세우는 계획은 제약조건이 너무 많아 쉽게 추진하기 어렵다.

계획은 꿈을 이루기 위한 것이지, 계획 자체가 행복을 보장해주는 것은 아니다. 다시 말해, 계획은 이루었을 때 가치가 있는 것이다.

인생의 구체적인 계획을 세우고 실천하는 가장 적합한 시기가 바로 대학시절이다. 많은 학생들이 꿈과 희망에 부풀어 대학생활을 시작하지만, 실제로 미래를 위해 자신의 능력을 배가시키고 졸업하는 학생은 그리 많지 않다. 마치 즐거운 대학생활만이 가치 있는 것으로 여기고 4년을 허비하는 경우가 많다.

　그렇다면 대학생활에서 미래를 위해 무엇을 계획하고 실천해야 하는가? 대학에서 해야 할 일은 무엇보다도 배우는 일이다. 행복한 자신의 미래를 위해 지식을 연마하는 것이 대학생활의 최우선 과제다. 대학은 고등학교 때와는 달리 학습 내용과 방법을 학생들에게 강요하지 않는다. 학생 스스로 자신의 미래를 위해 학습 내용을 정하고, 강좌를 선택하고, 학습 방법까지 책임져야 한다. 대학에서는 단순한 지식 습득이 아니라 자신의 미래의 삶과 통합되는 실천력 있는 학습을 요구한다. 또한 다양한 대인관계와 의사소통 기술도 연마해야 한다. 더불어 사는 사회에서 성공하기 위한 필수요건이다. 이 모든 것의 기초가 대학시절에 완성돼야 한다.

　이 책에서는 대학생활을 보다 효율적으로 보내기 위한 방법, 즉 시간과 목표를 관리하는 방법과 리포트 제출 시 필요한 글쓰기 전략, 대인관계, 스트레스 관리 그리고 수업참여와 발표 전략, 자기소개서 작성 및 면접 전략을 생각정리 기술 중 하나인 마인드맵을 통해 계획하고 실천하는 방법을 중점적으로 다루었다.

　마인드맵은 '생각의 구조와 과정을 디자인하는 도구' 다. 창의력 전문가인 에드워드 드 보노(Edward de Bono)의 연구 결과에 의하면, 우리의 마음은 새로운 정보를 처리할 때 삶을 통해 경험한 자신만의 독특한 사고과정을 거친다고 한다. 이러한 주장은 창의성이 부각되고 있는 현대사회의 생존전략에 매우 중요한 의미를 준다. 차별화된 새로운 아이디어는 정보화 시대의 생존에 필수요소이며, 새로운 정보가 그 가치를 상실하게 되면 남과 차별화된 생각을 가질 수 없다. 하지만 비교적 해결방법은 간단하다. 생각의 중심을 '경험'에서 '정보'로 전환하는 것이다. 생각의 중심을 정보로 전환한다는 것은 생각을 시각화한다는 것이다. 그 방법이 바로 마인드맵이다.

　끝으로, '실용 글쓰기 논리'에 눈뜨게 해준 임재춘 교수님, 마인드맵을 처음 전수해준 김찬영 이사님, 이론적 바탕을 지도해준 최준영 님께 깊은 감사의 말씀을 드린다.

홍영기 · 강호주

:: 이 책의 구조와 활용방법

이 책이 추구하는 목표는 대학 새내기부터 취업을 앞둔 학생들까지 어려움을 겪게 되는 여러 문제들을 마인드 맵핑을 통해 보다 신속하고 창의적으로 해결할 수 있도록 하는 것이다. 각 장마다 자신의 실천 전략을 구성하고 정리할 수 있도록 점검표를 구성하였다. 점검한 내용을 생각의 정리단계에 적용시켜 자신의 실천계획으로 이어지도록 하였다.

이 책은 총 6장으로 구성되었다. 제1장에서는 시간과 목표관리, 10년 후 자신의 미래 이력을 만드는 방법에 대해 소개하였다. 제2장에서는 리포트 제출 시 꼭 필요한 글쓰기 전략을 다루었고, 제3장에서는 다양한 친구를 사귀기 위한 대인관계 전략을 다루었다.

제4장에서는 스트레스와 건강관리에 대한 전략을 다루었고, 제5장에서는 수업발표 전략에 관한 내용으로 주제 선정에서 발표하는 방법에 이르는 효과적인 과정을 소개하였다. 마지막으로, 제6장에서는 취업을 위한 자기소개서 작성 요령 및 면접 전략에 대해 구체적으로 소개하였다. 각 장은 대학생활에 필요한 내용을 중심으로 독립적으로 구성되어 있지만, 세부내용은 유기적인 관련성을 갖고 있다. 예를 들어, 제1장의 '나는 누구인가?' 는 제3장의 '개별성향 분석하기' 와 제6장의 '나에 대해 분석하기' 에 활용된다. 제2장의 '글의 개요 짜기' 는 제5장의 '수업발표 요약 맵 만들기' 와 제6장의 '자기소개서 작성하기' 에 적용된다.

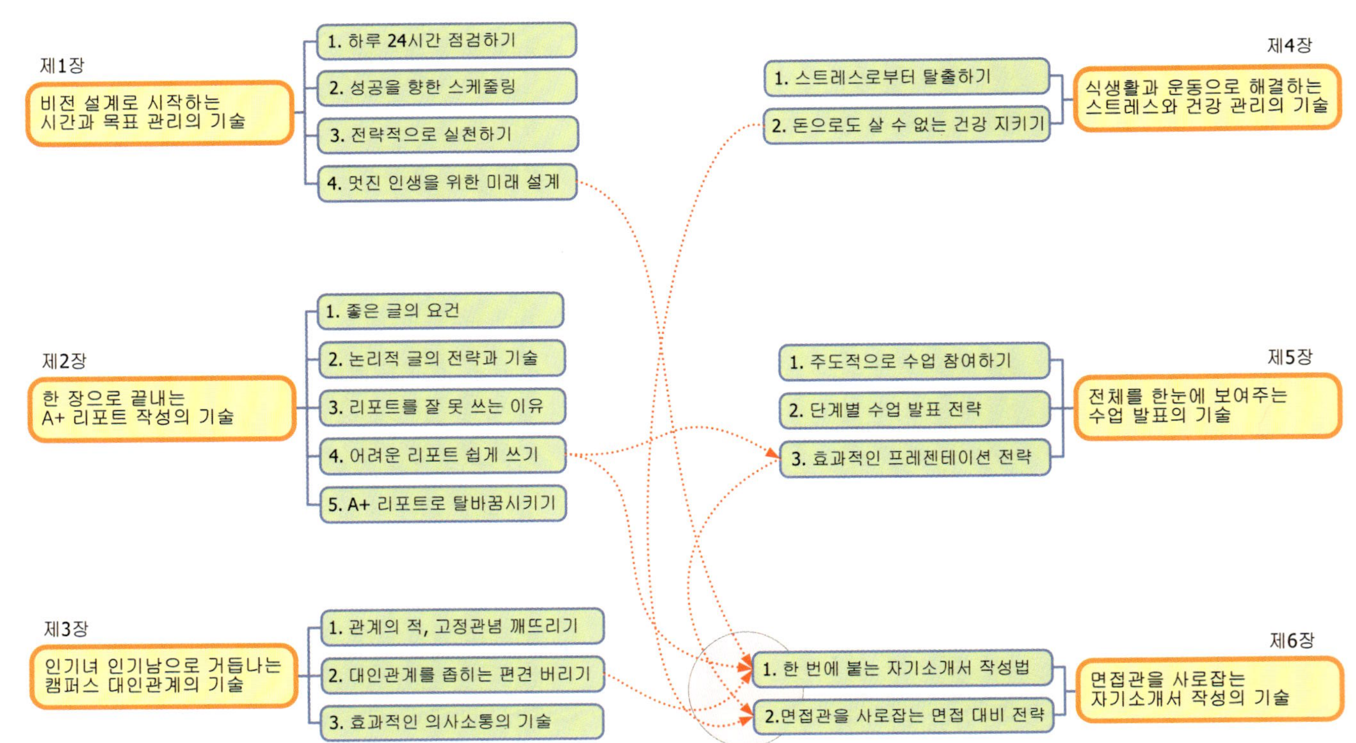

제1장
비전 설계로 시작하는
시간과 목표 관리의 기술
1. 하루 24시간 점검하기
2. 성공을 향한 스케줄링
3. 전략적으로 실천하기
4. 멋진 인생을 위한 미래 설계
제2장
한 장으로 끝내는
A+ 리포트 작성의 기술
1. 좋은 글의 요건
2. 논리적 글의 전략과 기술
3. 리포트를 잘 못 쓰는 이유
4. 어려운 리포트 쉽게 쓰기
5. A+ 리포트로 탈바꿈시키기
제3장
인기녀 인기남으로 거듭나는
캠퍼스 대인관계의 기술
1. 관계의 적, 고정관념 깨뜨리기
2. 대인관계를 좁히는 편견 버리기
3. 효과적인 의사소통의 기술
제4장
식생활과 운동으로 해결하는
스트레스와 건강 관리의 기술
1. 스트레스로부터 탈출하기
2. 돈으로도 살 수 없는 건강 지키기
제5장
전체를 한눈에 보여주는
수업 발표의 기술
1. 주도적으로 수업 참여하기
2. 단계별 수업 발표 전략
3. 효과적인 프레젠테이션 전략
제6장
면접관을 사로잡는
자기소개서 작성의 기술
1. 한 번에 붙는 자기소개서 작성법
2. 면접관을 사로잡는 면접 대비 전략

이 책에서는 마인드맵을 작성하는 과정보다는 '생각(정보)의 정리' 과정을 중점적으로 다루고 있다. 다음의 전략 수립 과정을 살펴보자.

마인드맵 작성에 앞서 진행되는 '생각(정보)의 정리'는 매우 중요한 과정이다. 이 단계를 등외시하게 되면 수많은 시행착오를 겪게 된다. 전략 수립의 전체적인 논리적 완결성은 이 단계에서 결정되기 때문이다. '생각(정보)의 정리' 단계는 마인드맵을 효과적으로 작성하는 데도 중요한 역할을 한다.

그동안 마인드맵은 훌륭한 사고도구로 알려져 왔지만 활용에 많은 어려움을 겪어왔다. 마인드맵을 작성하는 사람들 대부분이 느끼는 문제는 '작성하기 어렵다'는 것이다. 마인드맵은 방사형 전개, 키워드 찾기, 이미지 표현을 통해 나뭇가지 모양으로 전개한다. 가장 힘든 부분이 이미지로 표현하기다. 예를 들어, '독도는 우리땅'이라는 생각을 어떤 이미지로 표현할 수 있을까? 우리는 어떤 생각(정보)을 이미지로 머릿속에 떠올리지만 그것을 지면 위에 표현하는 데는 많은 어려움을 겪게 된다. 또 다른 문제는 '구조화하기 어렵다'는 것이다. 마인드맵을 작성하는 사람들에게서 쉽게 발견되는 모습 중 하나는 중심 주제를 잡고 나서 다음 가지들을 어떻게 뻗어내야 할지 어려움을 겪는 것이다. 하나의 주제를 세분화해 나가는 데 익숙치 않은 사람이면 누구나 느끼는 문제다. 요약해야 할 내용에서 키워드를 제대로 추려내지 못해도 이 같은 문제가 생긴다.

이 책에서는 이런 문제점을 극복하고 보다 효과적으로 마인드맵에 접근하는 방법을 사용하였다. 이미지 표현, 방사형 전개 등에 앞서서 우리에게 좀 더 친숙한 '트리구조'로 접근하였다. 전체적인 생각(정보)의 구조가 결정되면 좀 더 쉽게 마인드맵을 작성할 수 있기 때문이다. 각

장의 전략을 수립해 나가는 트리구조 맵들의 전개과정을 눈여겨 보고 직접 마인드맵을 작성해보도록 하자. 각 장의 마지막에 전통적인 기법을 사용하여 작성된 마인드맵을 소개하였다. 자신이 직접 마인드맵을 작성해 나갈 때 이 마인드맵을 참조하면 된다.

마인드맵 작성방법은 부잔코리아(www.buzankorea.co.kr)에서 정보를 얻을 수 있다. 부잔코리아는 마인드맵 창시자 토니부잔과 공식협약을 통해 한국에서 마인드맵의 정통성을 알려나가는 역할을 하고 있다.

이 책을 읽고 현장에서 활용할 때, 손으로 마인드맵을 작성하는 것이 익숙치 않다면 먼저 디지털 마인드맵 소프트웨어의 사용을 권장한다. 디지털 마인드맵은 생각(정보)의 정리 단계에서 겪게 되는 생각의 혼돈을 보다 빠르고 효과적으로 정리할 수 있도록 도와줄 것이다. 디지털마인드맵을 충분히 활용하여 능숙해진다면, 향후 손으로 마인드맵을 작성하는 데 그다지 큰 어려움을 느끼지 않을 것이다. 설치 및 사용법 그리고 활용 사례들은 각 소프트웨어의 개발사 홈페이지에서 도움을 받을 수 있으며 주소는 다음과 같다.

Genieware : www.ubitizn.com
ConceptLeader : www.conceptleader.com
Thinkwise : www.thinkwise.com

각 소프트웨어들은 사용방법이 매우 유사하고, 기능 또한 쉽게 익히도록 개발되어 있다. 이 책에서 사용한 트리구조의 맵들도 위에서 소개한 디지털 마인드맵의 기능을 활용한 것이다. 각 개발사 정책에 따라 기간 한정판, 홍보용 배포판 등이 있다. 자신에게 잘 맞는 소프트웨어를 선정하면 된다.

이 책을 읽는 것으로만 그치지 말고 손으로 마인드맵을 그리거나 디지털 마인드맵을 통해 직접 실습해 본다면 보다 큰 성과를 얻을 수 있을 것이다.

:: 차 례

PART 01

비전 설계로 시작하는
시간과 목표 관리의 기술

PART 02

한 장으로 끝내는
A⁺ 리포트 작성의 기술

비전 설계로 시작하는 시간과 목표 관리의 기술

시간관리의 첫 번째 기법은 하루의 활동을 시간 단위로 계획하지 않고 분 단위로 계획하는 것이다. 전문직에 종사하는 성공한 사람들의 일상 스케줄은 대부분 10분 단위로 계획되어 있다.

오늘은 입학식이자 대학에서 첫 강의를 듣는 날이다. 내가 선택한 과목을 듣는 첫 시간이기에 무척 설레었다. 강좌명은 '의상과 패션 디자인'이다. 첫 강의인 만큼 20분이나 일찍 왔지만 강의실에는 벌써 2~3명의 학생들이 앉아 있다.

나는 수첩을 꺼내어 오늘 스케줄을 정리했다. 그런데 이럴 수가! 새내기 모임 때 가입했던 요가 동아리 모임과 학과 선배들의 환영 모임이 오늘 저녁에 있다. 게다가 오늘 아침 대학 입학 기념으로 친척들과 저녁을 먹기로 했다는 엄마의 말씀이 떠올랐다. 머리가 텅 빈 느낌이다.

교수님께서 강좌에 대한 이런 저런 설명을 해주셨지만 엉켜버린 스케줄 때문에 전혀 귀에 들어오지 않는다.

어휴! 나의 대학생활이 첫날부터 왜 이렇게 꼬여버린 거야? 어떻게 해결하지? 고등학교 때는 이런 고민을 전혀 하지 않았는데 말이야!

보통 내게 주어진 시간은 내 것이라고 생각하지만, 그렇지 않다. 친구를 비롯한 주변 사람들로부터 통제받는 경우가 허다하기 때문이다. 우리는 흔히 '시간이 없어서' 못 한다고 말한다. 그러나 실제 그런 사람들은 자신의 뜻대로 시간을 활용하지 못하고 타인에 의해 시간이 통제되고 있는 경우가 대부분이다.

대학생활이 고등학교 생활과 크게 다른 것은 자신의 일을 스스로 계획하고 실천하고 책임져야 한다는 점이다. 능동적으로 시간을 관리하지 않으면 자신의 목표를 달성할 수 없기 때문이다.

● 1. 하루 24시간 점검하기

효율적인 시간관리는 균형 있는 삶과 직결된다. 현재 자신이 얼마나 시간관리를 효율적으로 하고 있는지, 시간을 최대한 활용하기 위한 테크닉은 무엇인지, 자신에게 맞는 스케줄을 잘 관리하고 있는지 점검해 보도록 하자.

다음의 〈표 1〉은 대학생의 일상적인 활동 영역을 나타낸 것이다. 자신의 지난 일주일 동안의 생활을 되돌아보면서 '여부' 란에 해당 항목을 우선 체크한 후, 항목별로 시간을 더 써야 한다고 판단하면 '+'에, 덜 써야 한다고 생각하면 '−' 에 체크해보자. 단, 지난 한 주가 일상적이지 않은, 예를 들어 중간고사나 여행을 갔었다면 그 주로 하지 말고 일상적인 한 주를 골라 체크해보자.

이 표를 작성해 보면 자신이 어떻게 시간을 활용하고 있는지 알게 될

표 1   시간 배분 점검표

활동	여부	시간할애	활동	여부	시간할애	활동	여부	시간할애
수업참여		+ −	TV 시청		+ −	가족과 함께하기		+ −
예습과 복습		+ −	인터넷 서핑		+ −	집안일 돕기		+ −
영양섭취		+ −	운동		+ −	방 정리		+ −
친구 만나기		+ −	아르바이트		+ −	독서		+ −
동아리 활동		+ −	휴식		+ −	봉사활동		+ −
대인관계		+ −	수면		+ −	여가생활		+ −
통학시간		+ −	종교활동		+ −	자기계발		+ −
어학공부		+ −	쇼핑		+ −	자격증 공부		+ −

것이다.

의외로 TV 시청이나 휴식시간 또는 컴퓨터 오락에 과도한 시간을 써 자기계발이나 수업참여와 같은 생산적인 활동에 충분한 시간을 투자하지 못한 사람들이 있을 것이다. 또 하루에 한두 시간 정도는 무의미하게 보내고 있다는 사실도 알게 될 것이다. 그러나 더 중요한 것은 나의 미래를 위해 어떤 활동에 더 많은 시간을 투자해야 하는가를 파악하는 일이다.

시간관리의 첫 번째 기법은 하루의 활동을 시간 단위로 계획하지 않고 분 단위로 계획하는 것이다. 참고로, 성공한 사람들의 일상 스케줄은 대부분 10분 단위로 계획되어 있다.

자신의 시간관리를 위해 일주일 동안 자신의 스케줄을 점검하면서

표 2	활동별 총 투입시간 점검표							
나의 활동	일	월	화	수	목	금	토	총 시간의 합
수면								
수업참여								
예습과 복습								
TV 시청								
컴퓨터 오락								
일별 총 시간의 합								

<표 2>를 완성해보자. 하루에 사용한 시간을 10분 단위로 적고 요일별, 활동별로 총 시간을 계산해보자. 나의 활동은 <표 1>을 참조하여 기록해보자. 마찬가지로, 일반적인 한 주의 활동을 중심으로 체크한다.

■ 작성한 앞의 표를 잘 살펴본 후 다음의 물음에 답해보자.

1. 어떤 활동에 적정량의 시간을 할애하는가?

2. 어떤 활동에 더 많은 시간을 할애하고 싶은가? 그 이유는 무엇인가?

3. 시간을 덜 할애하고 싶은 활동은 무엇인가? 그 이유는 무엇인가?

위의 대답을 중심으로 자신의 활동 분류표를 만들어보자. 빈칸은 자신의 활동을 살펴본 후 채워넣도록 하자.

표 3	활동 분류표	
시간을 더 많이 할애하고 싶은 활동	**시간을 덜 할애하고 싶은 활동**	**안 해도 되는 활동**
예습과 복습	휴식	TV 시청
가족과 함께하기	TV 시청	인터넷 서핑
어학공부	쇼핑	쇼핑
자기계발	인터넷 서핑	
집안일 돕기	친구 만나기	
독서	동아리 활동	
운동		

이제 맵(map)을 활용해서 [그림 1]과 같이 나의 활동 분류를 시각화해 보자.

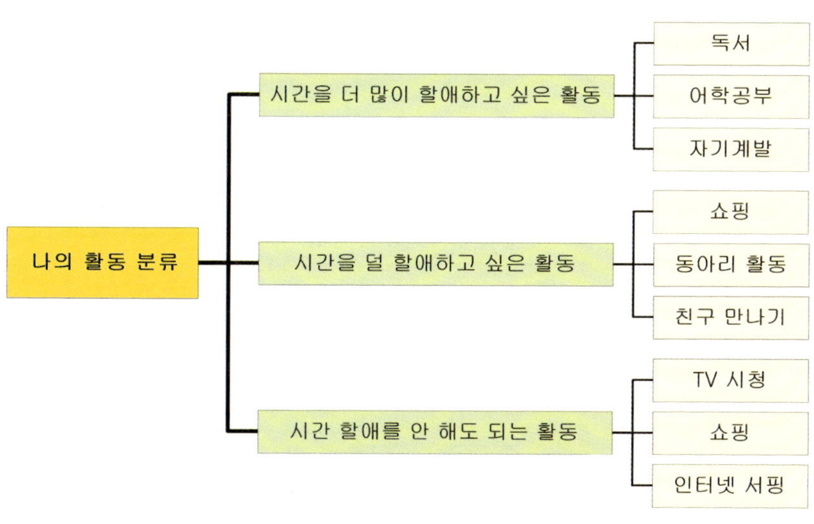

그림 1 ★ 나의 활동 분류 맵

● 2. 성공을 향한 스케줄링

　시간관리의 두 번째 기법은 스케줄을 계획하는 것이다. 이를 위해서는 다음의 세 단계, 즉 우선순위 정하기, 스케줄 짜기, 실천하기를 거쳐야 한다.

▌우선순위 정하기

　지금까지 〈표 1, 2, 3〉을 작성하면서 별로 중요하지 않은 일을 습관적으로 하거나, 너무 많은 시간을 무의미하게 보내고 있다는 사실을 알게 되었다. 수업참여나 과제 등과 같이 선택의 여지가 없는 일도 있지만, 자기계발이나 어학공부와 같이 당장은 필요없지만 미래를 위해 준비해야 하는 일도 있다.

　다음 〈표 4〉에서는 앞서 작성한 자신의 활동 중에서 가장 중요한 것부터 순서대로 적어보자. 나의 활동에 대한 우선순위를 매기는 기준 중 하나가 "만약 이 일을 하지 않았을 경우 어떤 최악의 상황이 벌어질 것인가?"이다. 예를 들어, 매일 하는 활동 중에는 TV 시청이나 컴퓨터 오락, 예습과 복습, 어학공부, 자기계발 등이 대부분이다. 예습과 복습은 하지 않으면 낮은 성적으로 돌아오지만, TV 시청이나 컴퓨터 오락은 안 해도 최악의 사태는 벌어지지 않는다.

　앞에서 작성한 〈표 3〉을 자세히 살펴보면 '안 해도 되는 활동'이 눈에 띌 것이다. 불필요하다고 판단되는 활동이 있으면 과감히 지우자.

　일의 우선순위를 짜는 것은 무의미하게 보내는 시간을 의미 있는 시

순위	나의 활동	순위	나의 활동
1	예습과 복습	10	동아리 활동
2	어학공부	11	운동
3	수업참여	12	영양섭취
4	자기계발	13	방 정리
5	독서	14	여가생활
6	종교활동	15	수면
7	봉사활동	16	휴식
8	아르바이트	17	쇼핑
9	대인관계	18	

간으로 전환하자는 데 의의가 있다. 성공적인 대학생활을 하기 위해서는 일의 우선순위를 정하고 이를 자신의 스케줄에 넣어 실천해야 한다. 어느 순간에는 동시에 여러 가지 일을 추진해야 하는 경우도 있다. 시험은 다가오고 이성친구는 만나야 하고, 과제까지 제출해야 하는 일은 흔히 벌어진다. 우선순위를 정할 줄 모르는 학생들은 모든 활동이 뒤엉켜 어느 하나 제대로 하지 못하는 결과를 초래한다.

자신의 활동 리스트 작성과 우선순위 작성은 맵을 활용해서 작성하도록 한다. 맵을 활용하여 일의 우선순위를 잡을 때는 오른쪽 상단에서 시작하여 시계방향으로 작성해 나간다. [그림 2]의 맵을 참조하라.

일의 우선순위를 정한 뒤 이를 바탕으로 스케줄을 짜고 실천하면 자신의 삶의 목표 중 어떤 것도 희생시키지 않고 거의 모든 것을 성취할 수 있다. 또 스케줄을 잘 관리하면 다른 일을 해야 한다는 죄책감에 사로잡히지 않고 재미와 휴식을 위한 시간도 확보할 수 있다.

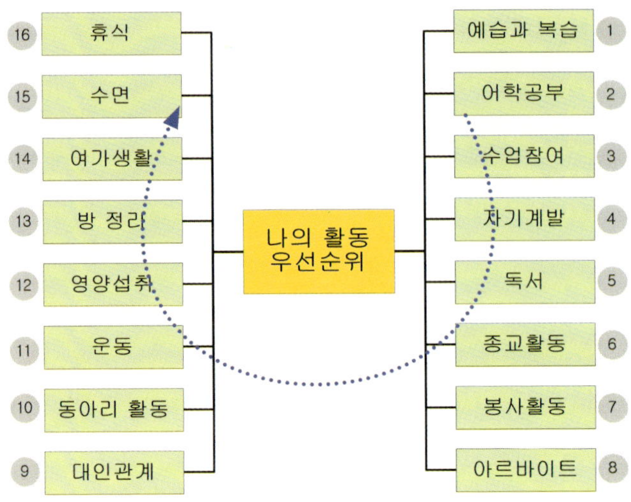

그림 2 ★ 일의 우선순위 작성 예

스케줄 짜기

스케줄을 짜는 데 꽤 많은 시간이 소요되지만, 결과적으로는 더 많은 시간을 절약하게 된다. 참고로, 처음 스케줄을 짤 때는 융통성 있게 계획하는 것이 좋다. 〈표 4〉에 적어놓은 활동을 참조하여 〈표 5〉의 스케줄에 포함하고 싶은 나의 활동을 작성해보자.

스케줄의 종류에는 여러 가지가 있다. 첫째, 대학생활 동안 매주 고정적으로 해야 하는 일이 있다. 강의시간이나 운동시간, 어학공부 등이 대표적일 것이다. 이를 마스터 스케줄이라고 한다.

〈표 6〉에서는 한 학기 동안 고정적으로 해야 하는 일을 먼저 기입해보자. 그런 다음 주간 스케줄을 적어보자.

둘째, 일주일 단위로 스케줄이 변한다면 주간 스케줄을 사용하는 것

예습과 복습, 어학공부, 수업참여, 자기계발, 독서, 종교활동, 봉사활동, 여가활동

이 효과적이다. 주간 스케줄은 일의 우선순위를 짜는 데 도움을 준다. 주간 스케줄은 마스터 스케줄을 여러 장 복사한 후 색이 다른 펜으로 주간 과제, 약속, 시험공부 일정, 여가시간 등을 써 넣으면 된다. 변경이 있거나 취소될 경우에는 다른 활동을 대신 넣을 수도 있다. 마스터 스케줄을 참고하여 주간 스케줄을 작성해보자.

셋째, 그날의 일과를 계획하는 하루 스케줄이 있다. 하루 스케줄은 스케줄이 수시로 변하는 사람에게 효과적이지만, 다음날 스케줄을 점검하는 방법으로도 활용할 수 있다.

시간	일	월	화	수	목	금	토
7:00	Toeic	Toeic	Toeic	Toeic	Toeic	Toeic	Toeic
8:00	아침식사 및 준비	아침식사 및 준비	아침식사 및 준비	아침식사 및 준비	아침식사 및 준비	아침식사 및 준비	아침식사 및 준비
9:00	독서	휴식(인터넷)	예습	문학과 영화	교육심리	법과 사회정의	일본어 공부
10:00		조 모임					
11:00	청소/빨래		국어와 작문	교양영어	예습		복습
12:00	점심식사	점심식사		점심식사	점심식사	점심식사	점심식사
13:00	십자수(취미)	예습	점심식사	방청소	성차심리학	시민생활과 법	친구 만나기
14:00							
15:00	일본어 공부	문학의 이해	연극의 이해	신화와 사상	인류와 문화		
16:00						자유시간	
17:00	저녁식사	저녁식사	저녁식사	저녁식사	저녁식사	저녁식사	저녁식사
18:00	휴식 또는 영화 보기, 장 보기	동아리 발제	동아리 모임	과제하기	동아리 모임	자유시간	TV 시청
19:00							
20:00				컴퓨터활용 공부			
21:00	운동		운동			운동	과제하기
22:00		어린이문학 책읽기		어린이문학 책읽기			
23:00	취침		취침			취침	취침
24:00		취침		취침	취침		

* 진하게 칠한 부분은 마스터 스케줄의 예시이며, 하얀 바탕은 주간 스케줄의 예시이다.

〈표 7〉은 하루 스케줄 작성표이다. 다음날 해야 할 일을 우선순위가 높은 활동 순으로 적는다. 오른쪽 빈칸에는 시간이나 전화번호 등 일을 수행하는데 필요한 사항을 적어놓는다. 한꺼번에 처리할 수 있는 일은 하나의 일로 합쳐도 된다. 매일 작성하여 바인더에 끼워넣고 점검하는 습관을 갖도록 하자.

일을 완수했으면 수행 여부란에 체크하고 못한 일이 있으면 다음날

표 7	하루 스케줄 작성표 예시			날짜 : 년 월 일
우선순위	**내일 할 일**		**비 고**	**수행 여부**
1	'의상과 패션 디자인' 시험 질문하기		교수님 연구실로 가기	
2	조별 과제를 위한 모임		전화로 확인하기	
3	도서실에 책 반납 및 대출하기		책 검색 미리하기	
4	공부방 봉사 가기		김슬기에게 오라고 전화하기	
5	동아리 모임 가기		5시까지 동아리방으로 가기	
6				
7				
8				
9				
10				

목록으로 옮길지를 결정한다. 참고로, 하루 스케줄은 주간 스케줄을 바탕으로 작성해야 혼란을 방지할 수 있다.

3. 전략적으로 실천하기

▌시간절약

시간관리의 가장 중요한 부분은 자신이 만든 스케줄을 잘 지키는 일이다. 다음은 시간절약에 관한 몇 가지 조언이다. 스스로 점검해보자.

- 자신이 세운 스케줄에 너무 얽매이지 마라. 스케줄이 변경되더라도 유연하게 대처하는 것이 더 중요하다.
- 주어진 과제는 시간을 제한하고 추진하라. 끌면 끌수록 시간만 낭비하고 과제의 수준도 떨어지게 된다. 그렇다고 아무렇게나 완성해서 제출하라는 의미는 아니다.
- 항상 메모하는 습관을 갖도록 하자.
- 언제 어디서나 공부하는 습관을 들이자. 쉬는 시간이나 등·하교 때 버스나 지하철 등 자투리 시간을 활용하여 공부하자. 좋은 방법 중 하나가 강의내용을 녹음하여 듣는 것이다.
- 예습하는 습관을 갖도록 하자. 예습은 적극적으로 수업에 참여할 수 있게 하는 원동력이다.
- 용어나 공식을 적어둔 색인 카드를 항상 들고 다니자.
- 예정에 없던 일은 되도록이면 스케줄에 포함하지 말고, 다른 사람의 무리한 요청에는 "안 됩니다"라고 단호히 말하라.
- 스케줄보다 매일 10분 정도 일찍 일어나라. 그러면 여유 있는 하루를 시작할 수 있다.

- 오늘 저녁에 다음날을 준비하라. 수업에 필요한 책과 자료 등을 가방에 미리 넣어두도록 하자.
- 공부할 때는 공부에만 집중하자. 책상 앞에 앉아서 시간을 낭비하는 일이 없도록 해야 한다. 효율적으로 공부하는 방법을 터득하자.

시간관리

시간관리에서 중요한 것은 스케줄에 너무 얽매어서는 안 된다는 것이다. 의무감으로 스케줄을 따라하게 되면 얼마 안 돼 예전의 습관으로 되돌아가게 된다. 효율적인 시간관리란 생산적이고 효과적으로 시간을 활용하고 휴식과 여가를 즐기는 것을 의미한다. 시간을 관리하는 방법에는 사람마다 개인차가 있다. 목록을 잘 만들고 세세한 것을 잘 챙기는 '오른쪽 뇌가 발달한 사람'에게 지금까지의 내용이 더 적합할 수도 있다. 하지만 여기서 중요한 것은 자신에게 가장 잘 어울리는 시간관리 방법을 찾는 노력이 있어야 한다는 것이다.

시간이란 추상적인 개념이다. 즉, 시간은 관리의 대상이 아니다. 우리가 관리한다고 해서 시간이 늦게 가거나 빨리 가는 것은 아니다. '시간을 관리한다'는 의미는 엄밀하게 말하면 '자신을 관리한다'는 의미다. 자신을 관리하는 가장 좋은 방법은 장기간의 목표를 설정하고 이를 정기적으로 스스로 평가하는 것이다. 장기간의 목표란 '미래의 나'를 의미한다. 다음은 시간관리의 원리에 대해 살펴본 것이다.

(1) 자신의 가치를 알아야 한다

누구에게나 자신만이 가지고 있는 가치가 있다. 자신의 가치발견은

'미래에 되고 싶은 나'로부터 시작된다. 지금 매달리고 있는 일이 미래
의 나를 만들기 위한 노력인가를 곰곰이 생각해보자.

(2) 가치 없는 활동은 줄여야 한다

'미래의 나'에 도움이 되지 않는 활동은 그만하도록 하자. 즉, 가치
없는 활동은 줄여야 한다. 인터넷 서핑이나 TV 시청과 같이 보상 없는
활동은 과감히 줄이도록 하자.

(3) 대인관계를 중요시해야 한다

살다 보면 주변 사람의 도움이 절실히 필요한 때가 있다. 이때 대인관
계가 원만하지 못한 사람은 다른 사람의 도움을 받기 어렵다. 우선, 가
족과의 관계를 돈독히 한 다음 다른 사람과의 관계에도 적극적으로 참
여하고 유지하자. 사회의 저명인사나 지도교수를 가능한 한 자주 만나
조언을 구하는 것도 좋은 방법이다.

(4) 오늘 일을 내일로 미루지 말자

그 자리에서 처리할 수 있는 일은 바로 처리하자. e-메일 답장이나 전
화를 거는 일 등은 미루어서는 안 된다. 시간이 없거나 능력이 안 되는
일이 생겼을 때는 정중히 거절해야 한다. 나중에 답변을 해주겠다는 것
은 상대방에게 나의 무능함을 드러낼 뿐만 아니라 자신의 시간도 낭비
하는 결과를 초래한다.

(5) 결과에 초점을 맞추어라

스케줄에 너무 얽매이다 보면 스케줄이 어긋날 경우 죄책감에 사로잡
힐 수 있다. 그러나 그럴 필요는 없다. 단기적인 과정에 너무 집착하지

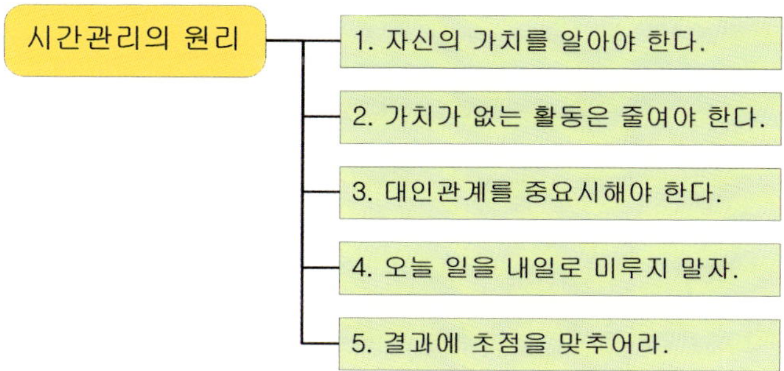

그림 3 ★ 시간관리의 원리 요약

말고 목표 달성에 초점을 맞추어 주, 월, 3개월, 6개월, 1년 단위로 점검해야 효과적 관리가 가능하다. 물론 자신이 세운 스케줄을 성실히 이행하는 것을 전제로 해야 한다.

D중공업 면접이 있는 날이다. 한 달여 동안 친구들과 만든 취업 커뮤니티를 통해 많은 실전 훈련을 해왔다. 손도 비벼보고 입을 크게 벌려 긴장을 풀어보지만 여전히 긴장되기는 마찬가지다. "이형진 씨 들어오세요." 이제 결전의 순간이다. 면접이 진행되는 장소에는 눈빛이 날카로운 면접관 5명이 나란히 앉아 있다. 한 면접관이 '자 편하게 앉으시고, 너무 긴장하지 마세요"라고 말했지만, 심장은 여전히 두근거린다.

면접관의 첫 질문이 떨어졌다. "이형진 씨는 10년 후의 꿈이 무엇인가요?" "저……." 예상치 못한 질문에 당황한 나는 쉽게 말문이 열리지 않았다. 한참을 고민한 끝에 가까스로 입을 열었다. "네, 저의 꿈은 D중공업의 위상을 세계에 알리는 것입니다." 하지만 면접관의 이어진 질문은 나를 더욱 정신없게 만들었다. "너무 추상적인데, 어떻게 D중공업의 위상을 세계에 알릴 계획이신가요?" 머릿속은 새하얀 구름 속을 헤엄치고 있는 것 같았다.

대부분의 학생들이 취업 준비를 위해 전공과목과 어학공부는 철저히 준비하지만 미래의 비전에는 관심을 갖지 않는다. 현재의 삶에 급급한 나머지 미래의 비전을 준비할 여유가 없기 때문이다. 하지만 성공하는 사람들의 특징 중 하나가 남보다 먼저 미래를 준비한다는 것이다.

그렇다면 '성공'이란 무엇일까? 먼저 이론적인 정의를 살펴보자. SMI(Success Management International)를 설립한 폴 마이어는 성공을 다음과 같이 말하고 있다.

'성공이란 개개인의 의미 있는 목표를 점진적으로 실현하는 것이다.'

여기서 우리가 주목해야 할 점이 하나 있다. '성공'은 명사이면서 동사라는 것이다. '목표 달성' 자체가 아니라 '목표 달성을 위한 점진적 과정'이라는 것이다. 성공을 위해서는 목표가 필수적인 요소임을 알 수 있다.

목표의 시각화는 매우 중요하다. 1979년 하버드대 경영대학원 출신들을 대상으로 한 통계조사에서 크게 3가지의 특성을 발견하였다. 나머지 97%보다 평균 10배의 수입을 올리는 최상위 3%는 목표와 계획을 종이에 기록하고 있었고, 나머지 97% 중 13%는 목표를 가지고는 있지만 기록하지 않고 있었는데, 중요한 사실은 이들은 최상위 3%에 비해 평균 절반 정도의 수입을 내는 것으로 밝혀졌다.

출처 : 브라이언 트레이시, 『목표 그 성취의 기술』(김영사, 2003).

상류층과 중산층의 가장 큰 차이점은 무엇인가? 그것은 목표를 구체적으로 종이에 옮겨 적어 시각화한다는 것이다. 최근 '비전'과 관련된 서적들을 보면 대부분 '목표의 시각화'에 초점을 맞추고 있다는 것을 발견할 수 있다.

목표의 시각화가 얼마나 중요한가를 알았다면, '미래의 나'를 계획해보고 단계적인 목표를 세워 연간 스케줄 짜기에 도전해보자. 다음의 과정을 통해 인생의 목표를 수립하고 이를 성취하기 위한 단계별 계획을 세워보자.

① 나는 누구인가?

② 나는 무엇을 꿈꾸는가?

③ 나는 어디로 가고 있는가?

④ 나는 무엇을 해야 하는가?

⑤ 나는 어떤 모습일까?

각 단계별로 맵을 하나씩 만들어 나가도록 한다. ③단계와 ④단계는 하나의 맵으로 정리할 수 있다. 나의 미래 여행을 떠날 준비가 되었는가? 그렇다면 첫 번째 단계인 '나는 누구인가?' 를 시작해보자.

▌나는 누구인가?

이 단계의 목적은 자신의 내면에 잠자고 있는 잠재력을 찾는 데 있다. 다른 사람이 바라보는 나의 모습과 자신이 생각하는 나의 모습을 적어 나간다. 부정적이거나 나쁜 모습도 개의치 말고 적어야 한다. 자신의 부정적인 모습을 과감히 표현하면 그에 따른 개선방안도 발견하게 될 것이기 때문이다.

현재 나의 모습은 어떤가? 자기평가나 타인과의 관계 등 자신의 모습을 20가지 이상 적어보자. 주어진 시간은 단 10분이다. 자신의 모습을 표현할 때 '나는' 이라는 말로 시작한다. 예를 들어, '나는 대학생이다' '나는 볼링을 좋아한다' '나는 세계적인 이벤트 기획자가 되고 싶다' 등과 같이 적으면 된다.

'나는 누구인가?' 를 계속 반복하여 되새겨보자. 처음에는 작성하기 어렵지만, 자신의 신체적, 정신적 특징들을 살펴보면 실마리가 풀린다.

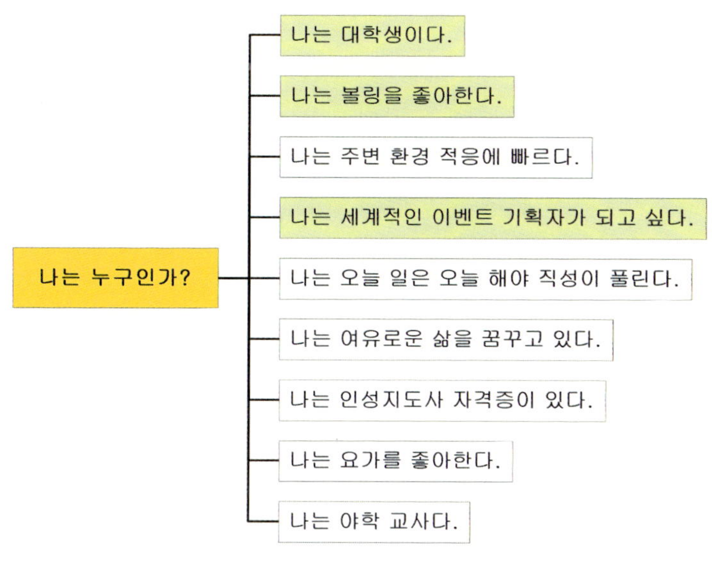

그림 4 ★ 나는 누구인가? – ①

'자신의 행동양식은 어떤가, 자신만이 가진 자격이나 특성은 무엇인가'를 생각하면서 적어나간다.

이제 힘든 고비는 넘겼다. 10개를 적는 것만으로도 대단한 힘을 발휘한 것이다. 하지만 좀 더 힘을 내자. 이제부터 자신의 진면목이 나타난다. 자신의 겉모습 특성들이 나오고 나면 내면의 정신세계가 보이기 시작한다. 즉, 잠재된 욕구들이 하나씩 나타나기 시작한다. 맵 표현이 익숙치 않으면 다음의 〈표 8〉을 활용해도 좋다.

'나는 누구인가?'에 대해 작성할 때는 10분 이내에 최대한 자신을 끌어내도록 해야 한다. 이때 '나'의 내면에 숨겨진 욕구나 불만들은 나중에 나타나게 된다.

그동안의 통계를 보면, 1~10번째까지는 형식적 자신, 11~15번까지는

표 8	나는 누구인가?		
번호	나는 누구인가?	번호	나는 누구인가?
1		11	
2		12	
3		13	
4		14	
5		15	
6		16	
7		17	
8		18	
9		19	
10		20	

주관적 자신, 16~20번까지는 무의식적 욕구나 고민에 대한 내용이 나타
난다고 한다.

출처 : 이철우, 『나를 위한 심리학』(더난출판사, 2007).

이제 맵을 활용해서 '나'를 세심하게 분석해보고 나의 특성들을 정리
해보자.

[그림 5]와 [그림 6]의 맵에서 볼 수 있는 바와 같이 '지성/내면' '계발/
학습' 등으로 분류해서 정리하면 된다. 좀 더 생각을 확장하기를 원한
다면 각 속성별로 생각을 집중하도록 한다. 다른 방법으로는 '시간'을
고려하는 방법이 있다. 현재의 주변상황을 보자. 인성지도사 자격증을
땄을 경우 '계발/학습' 분야에 추가하면 된다. 과거의 경험과 기억을 떠
올려보면 좀 더 자신을 구체적으로 표현할 수 있다.

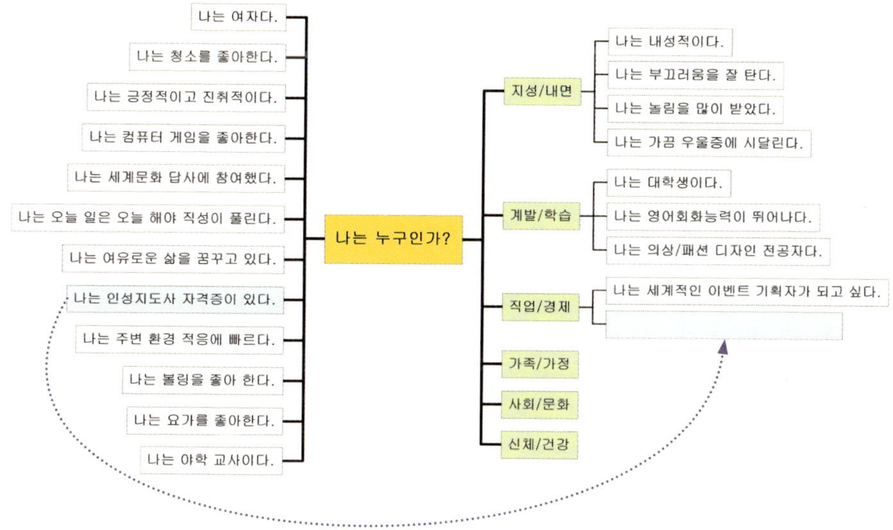

그림 5 ★ 나는 누구인가? – ②

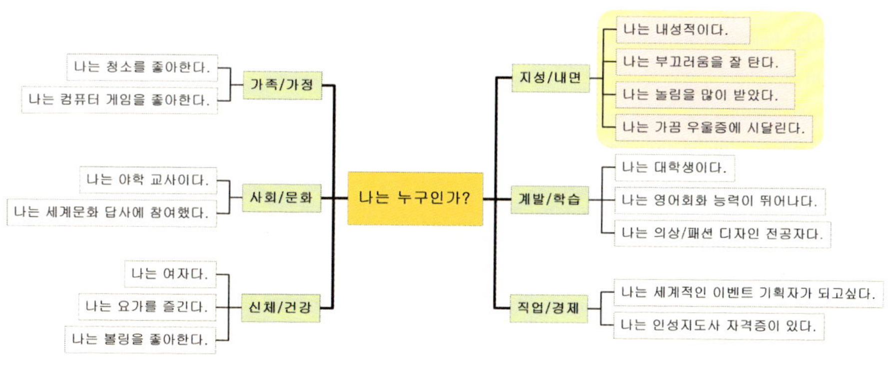

그림 6 ★ 나는 누구인가? – ③

각 분야별로 '나는 누구인가' 가 정리되었다면, 이제 그동안 잊고 지냈던 '나의 꿈' 을 찾아보기로 하자.

나는 무엇을 꿈꾸는가?

이 단계의 목적은 자신의 상상력을 극대화하는 데 있다. 자신이 상상할 수 있는 꿈은 무엇이든 적어보도록 한다. 남을 의식하지 말고 나의 상상에 집중해야 한다. 생각이 잘 나지 않는다면 '나는 누구인가?' 에서 기록한 내용을 참조할 수 있다. 부정적이거나 비판적인 모습은 긍정적이며 발전적인 모습으로 개선한다. 예를 들어, '나는 내성적이다' 의 경우 '나는 긍정적이고 진취적이다' 로 내가 원하는 모습으로 바꿔주면 된다.

그림 7 ★ 나는 무엇을 꿈꾸는가? – ①

[그림 기을 참조해 각 삶의 영역별로 자신의 '꿈의 목록'을 적어나가 도록 하자.

자신이 되고 싶고 이루고 싶은 모든 것을 기록한다. '나는 토익 900점 을 받고 싶다' '나는 유럽 배낭여행을 가고 싶다'와 같이 무엇이든 좋 다. 생각의 전개가 쉽지 않으면 존 고다드의 꿈의 목록을 정리한 [그림 8]의 마인드맵을 참조해보자.

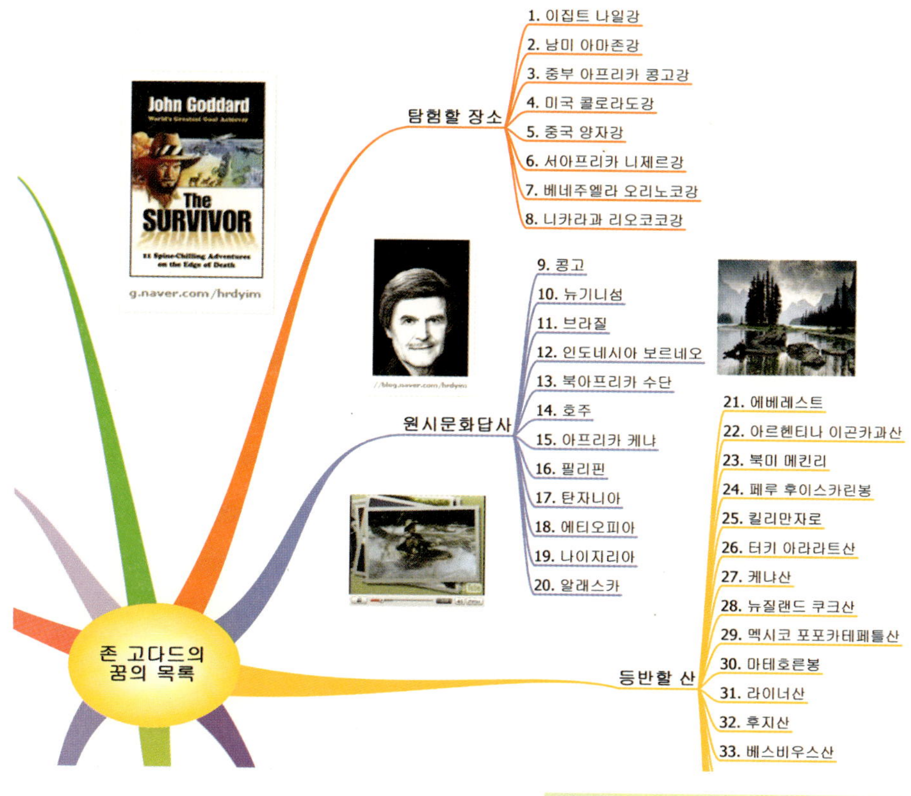

그림 8 ★ 존 고다드의 꿈의 목록 일부

그림 9 ★ 나는 무엇을 꿈꾸는가? – ②

10년 후의 목표는 무엇인가? 즉, 자신이 30~40세 때 이루고자 하는 모습은 무엇인가?

10년 후의 목표가 될 수 있는 것을 찾아보자. '나는 무엇을 꿈꾸는가?'에 기록된 문장들 중에서 각 분야별로 하나씩 선별해보자. 구체적이거나 자신의 장점이 잘 나타나는 목표일수록 좋다. 예를 들어, '지성/내면' 분야의 '나는 사람들에게 능력을 인정받고 싶다'와 '계발/학습' 분야의 '나는 TOEIC 900점을 받고 싶다'와 같이 작성하면 된다. 이들 중에서 10년 후의 목표에 어울리는 것은 어떤 것인가? '계발/학습' 분야에 나타난 꿈들은 10년 후의 목표라기보다 3~5년 목표로 볼 수 있다.

[그림 9]에서 진하게 표현된 꿈들을 참조하라. '직업/경제' 분야의 '나는 세계적인 이벤트 기획자가 되고 싶다'를 10년 후의 목표로 선정하고, 이 목표를 달성하기 위한 중기, 단기 목표를 수립하는 과정을 시작해보자.

▌나는 어디로 가고 있는가?

이 단계의 목적을 통해 장기목표(10년), 중기목표(5년), 단기목표(1∼ 3년)를 각각 이끌어내는 데 있다. 자신이 이루어야 할 각 단계별 목표를 구체적으로 시각화하면서 자신의 목표 달성 과정을 명확히 해보자.

10년 후의 목표인 '나는 세계적인 이벤트 기획자가 되고 싶다'를 능동형인 '나는 세계적인 이벤트 기획자가 된다'로 고쳐 적는다. '되고 싶다'를 '된다'로 바꿔놓는 단순한 작업이지만 매우 중요하다. 미래의 목표를 능동형으로 바꾸면 자신의 태도나 행동이 능동적으로 바뀌게 되기 때문이다.

5년 후의 자신의 모습을 각 분야별로 구체화한다. 예를 들어, '직업/경제' 분야의 '나는 기획팀장을 맡고 있다'와 같이 구체적인 목표 달성

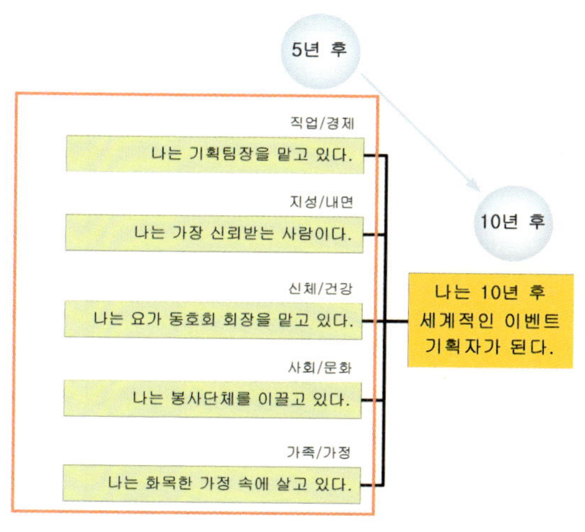

그림 10 ★ 나는 어디로 가고 있는가? – ①

의 결과를 적는 것이 좋다.

이제 5년 후의 목표를 달성하기 위한 1~3년 이내의 단기목표를 정해야 한다. 세계적인 이벤트 기획자가 되기 위해서는 5년 후 자신의 역량에 대한 주변의 평가가 중요하다. 5년 후 직장 내에서 기획팀장을 맡으려면 상당한 노력이 필요하다. '직업/경제' 분야의 단기계획을 광고기획으로 유명한 'J기획 입사' '마케팅 공모전 1위' 등으로 잡아보자. 대학시절 마케팅 공모전에서 우수한 성적을 거두게 되면 취업 시 좋은 평가를 기대할 수 있다. 자신에 대한 평가를 객관적으로 증명할 수 있는 중요한 자료가 된다.

목표계획을 수립할 때는 목표를 오른쪽에 배치하고 왼쪽으로 각 단계별 세부계획을 정리해 나가는 형태로 맵을 전개한다. 현재에서 미래로

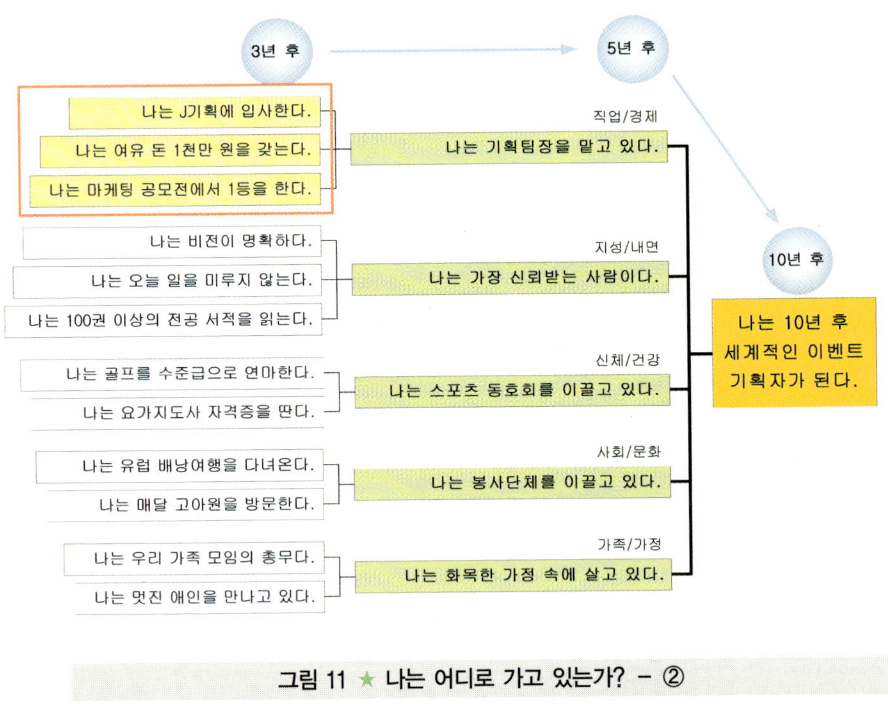

그림 11 ★ 나는 어디로 가고 있는가? - ②

나아가는 모습이므로 왼쪽에서 오른쪽으로 자연스럽게 흘러가게 작성
하자.

　목표를 세우고 나서 이 목표는 구체적인가, 이 목표는 측정 가능한가,
이 목표는 실현 가능한가, 이 목표는 현실적인가, 이 목표는 유형적인가
를 반드시 점검해야 한다. 이 체크 항목들은 목표를 세워나갈 때 꼭 기
억해두어야 한다. 현실적으로 달성 가능성이 없거나 목표를 구체화하지
못하면 행동으로 이끄는 동기부여가 매우 약해지기 때문이다.

　　S는 구체적(Specific)

　　M은 측정할 수 있는(Measurable)

　　A는 달성할 수 있는(Attainable)

　　R은 현실적(Realistic)

　　T는 유형적(Tangible)

출처 : 폴 마이어, SMI (2007).

자신의 목표를 SMART로 점검해보자.

▎나는 무엇을 해야 하는가?

　이 단계의 목적은 1~3년의 단기목표를 달성하기 위해 필요한 행동계
획을 세부적으로 수립하는 데 있다. 세부 행동계획은 1년 이내에 달성
가능한 것이어야 한다. 반드시 '나는'으로 시작해야 하며, 현재형과 능
동형으로 적어야 한다. 왜냐하면 '~하겠다' '~할 것이다' 등으로 작
성할 경우 자신의 행동과 목표에 대하여 책임을 지지 않기 때문이다.

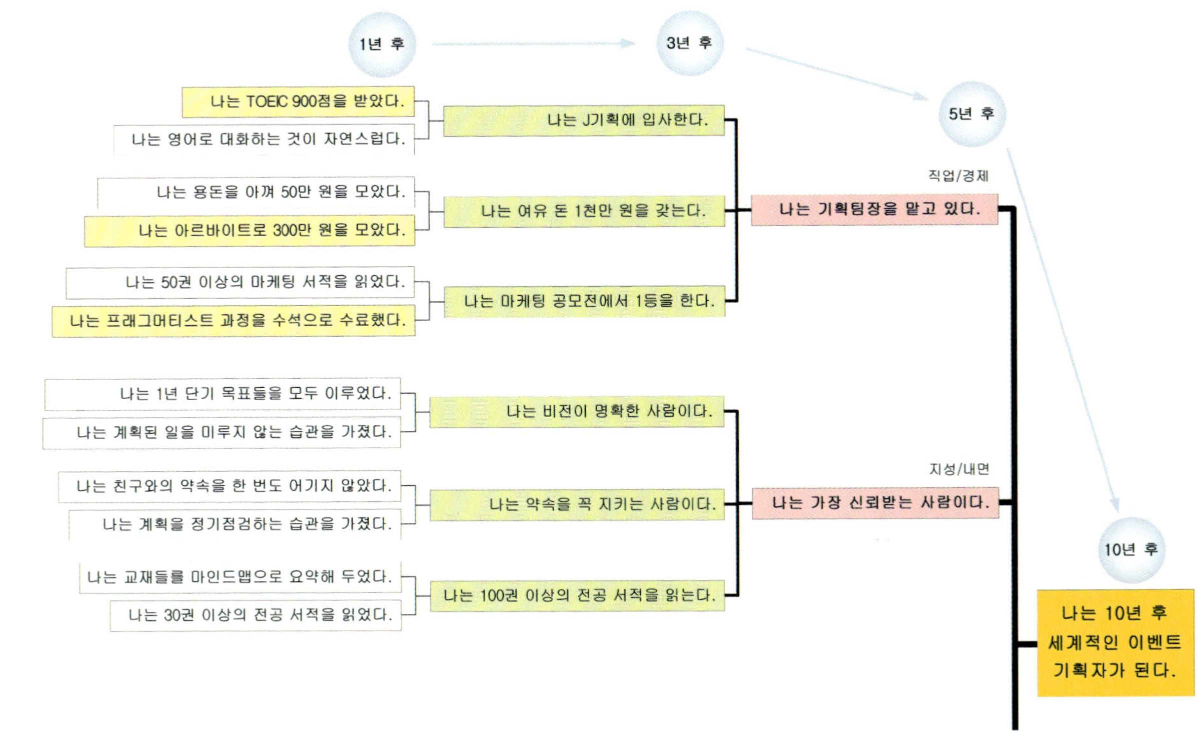

그림 12 ★ 나는 무엇을 해야 하는가?

'나는 매일 2시간씩 TOEIC 공부를 한다' '나는 매일 아침 8시 어학원에서 공부한다' 와 같이 측정 가능한 숫자를 활용하라. 앞에서 설명한 'SMART'를 다시 상기해보면 도움이 될 것이다.

'프래그머티스트 과정 등록과 이 과정을 수석으로 수료한다' 와 같이 하나하나의 목표에 대하여 '취업을 위한 프레젠테이션과 마케팅 공모전 대비' 라는 이유와 결과를 구체적으로 메모해두면 훨씬 도움이 된다.

지금 우리가 해야 할 일은 바인더, 플래너, 다이어리 등을 준비해서 1년 이내에 달성해야 할 목표들을 기록해두는 것이다. 이 일을 미루지 말고 바로 실행하도록 하자.

나는 어떤 모습일까?

이 단계의 목적은 1년 후의 목표를 달성하기 위한 월간, 주간, 일일 활동계획을 수립하는 데 있다. [그림 12]를 참고하여 1년 이내에 꼭 이뤄야 할 목표를 뽑아보자.

1년 이내에 달성해야 할 목표를 모두 적고 나면, 1년 후 목표가 달성된 모습을 구체적인 문장으로 정리해둔다. 미래의 모습이 시각화되었을 때 비로소 행동으로 옮기려는 강한 의지가 생겨나기 때문이다. [그림 13]과 같이 하나의 문장으로 정리해보는 것도 좋다.

1년 이내에 달성해야 할 목표들을 '이뤄야 할 것들' 로 정리해둔다. 그리고 [그림 14]에서 1년 이내에 '해내야 할 일들' 을 찾아낸다. 정기적인 활동은 일간, 주간, 월간으로 분류하여 정리해보자. 분류가 끝나면 행동의 우선순위를 결정한다. 비정기적인 활동 중 이번 주, 다음 주, 이번 달 이내에 수행해야 할 목표들을 순서대로 정리한다. 목표를 하나하

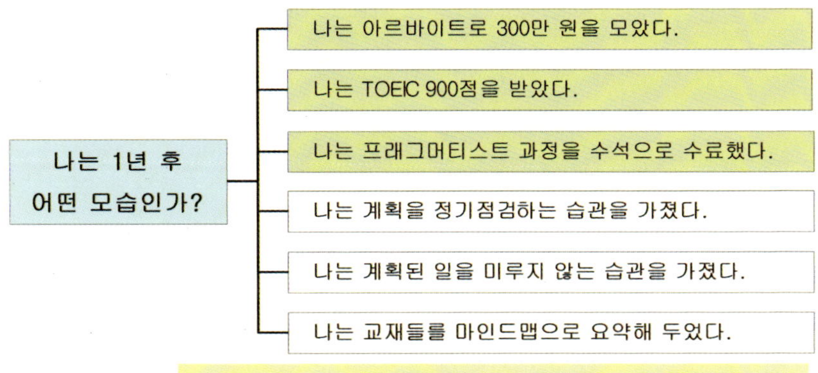

그림 13 ★ 나는 어떤 모습일까? - ①

나 세울 때마다 다음과 같이 고민해야 한다. '해내야 할 일들'을 모두 해내면 '이뤄야 할 것들'이 달성될 수 있는가?

하루 또는 2~5일 정도의 일정을 갖는 간단한 활동들은 [그림 15]와 같이 간트차트를 만들어보자. 좀 더 세부적인 주간계획과 일일계획들은 맵으로 정리하여 바인더, 플래너, 다이어리의 주간, 일일계획표와 함께 활용하면 도움이 된다.

자신의 1년 후 모습을 명확하게 시각화함으로써 목표 달성에 강한 동기를 부여한다. 1년 후 모든 목표를 달성한 자신의 모습을 마음속으로 그려보라. 생각만으로도 흐뭇하고 기분이 좋을 것이다. 이 행복한 기분을 그림으로 그려두고 매일 바라보도록 하자.

[그림 16]과 같이 비전 마인드맵을 만들 때는 그림, 사진, 색상펜, 잡지, 신문 등을 활용해 가능한 재미있고 멋지게 꾸며보자.

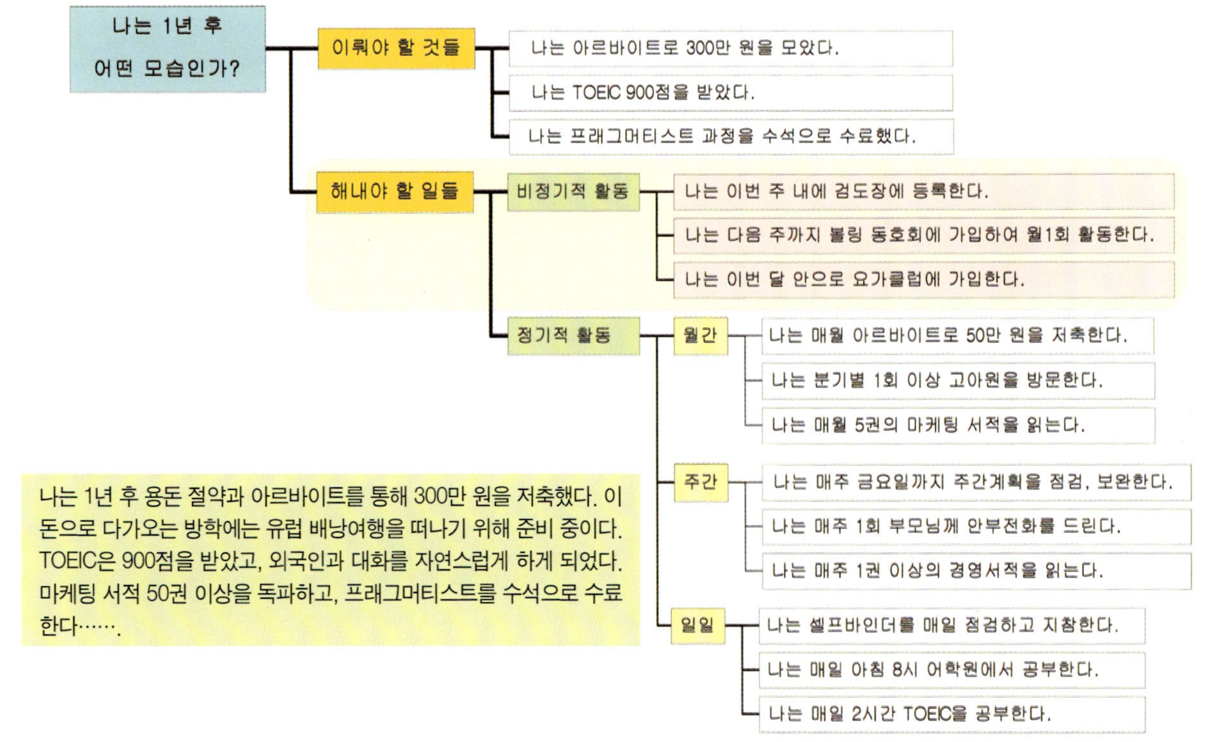

그림 14 ★ 나는 어떤 모습일까? – ②

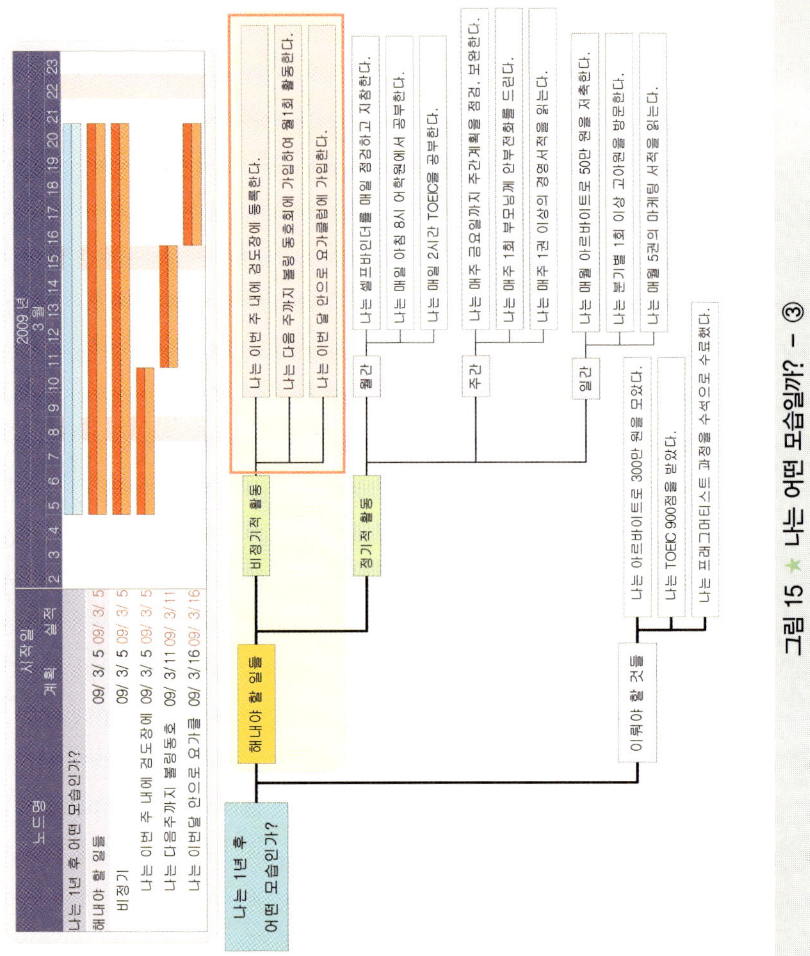

 이제 자신의 미래로의 여행 준비가 끝났다. 이제 떠나야 한다. 과감하게 지금 바로 실천하자!

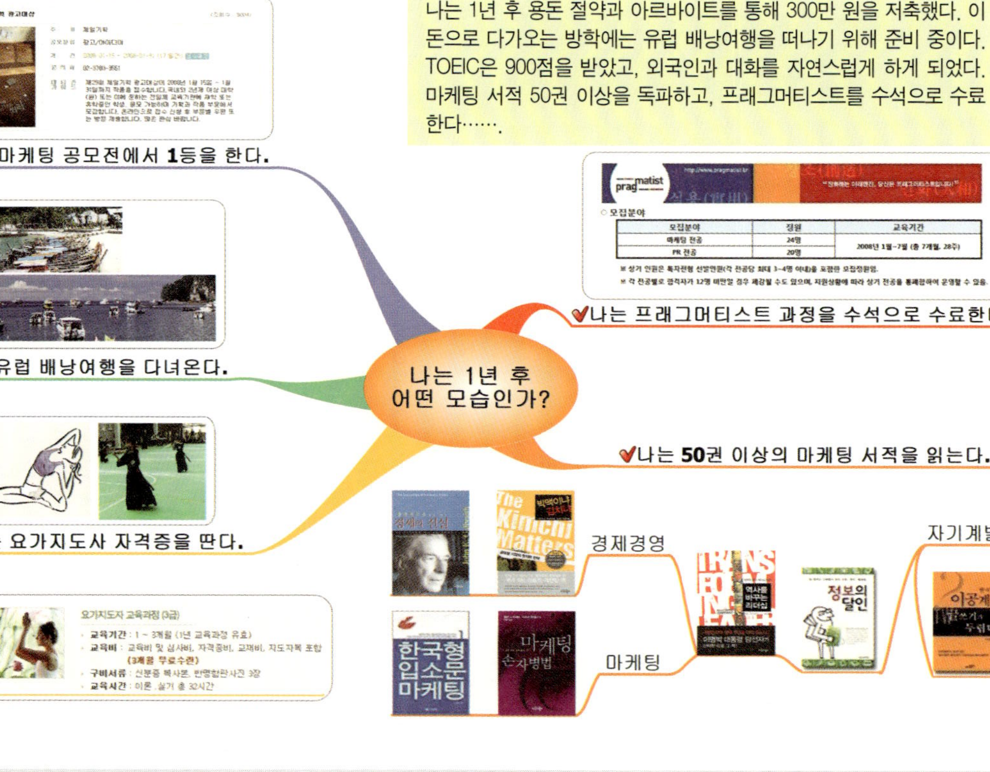

나는 1년 후 용돈 절약과 아르바이트를 통해 300만 원을 저축했다. 이 돈으로 다가오는 방학에는 유럽 배낭여행을 떠나기 위해 준비 중이다. TOEIC은 900점을 받았고, 외국인과 대화를 자연스럽게 하게 되었다. 마케팅 서적 50권 이상을 독파하고, 프래그머티스트를 수석으로 수료한다……
나는 마케팅 공모전에서 1등을 한다.
나는 유럽 배낭여행을 다녀온다.
나는 요가지도사 자격증을 딴다.
나는 1년 후 어떤 모습인가?
나는 프래그머티스트 과정을 수석으로 수료한다.
나는 50권 이상의 마케팅 서적을 읽는다.
경제경영
자기계발
마케팅

그림 16 ★ 비전맵 예시

그림 17 ★ 미래의 모습을 마인드맵 형식을 활용 손으로 직접 그린 예시

한 장으로
끝내는
A⁺ 리포트
작성의 기술

P.A.R.T

02

좋은 글은 글쓴이가 전달하고자 하는 생각과 감정을 정확한 언어로 표현한 글이다. 글의 목적에 따라 달라질 수 있지만 '주제가 분명한 글' '진실이 담겨 있는 글' '독특하고 개성이 담긴 글'이다.

대학생활에서 독서 능력도 중요하지만 글 쓰는 능력 또한 매우 중요하다. 글쓰기는 대학생활에서 피해갈 수 없는 과제다. 거의 모든 과목마다 자신의 학습 정도를 리포트 등을 통해 담당교수에게 보여주어야 하고, 이를 근거로 성적을 받기 때문에 자신의 글쓰기 능력이 학점과 직결된다 해도 과언이 아니다.

의외로 많은 사람들이 글을 잘 쓰려면 개인의 타고난 능력이나 번뜩이는 아이디어가 많아야 된다고 생각한다. 타고난 능력과 상상력이 풍부하면 좋은 글을 쓰는 데 도움이 되겠지만, 그것이 전부는 아니다. 좋은 글을 쓰는 데는 소질보다 글 쓰는 법을 익히는 것이 더 중요하다. 글쓰기는 자신의 사고범위를 확대하고 가지고 있는 아이디어를 구체화하는 작업을 의미한다.

다음의 표를 참조하여 글쓰기에 대한 나의 태도를 점검해보자.

| 표 1 | 글쓰기에 대한 나의 태도 점검표 |

항 목	여부
글쓰기가 부담스러워 보고서 등 쓰기 과제가 없는 강좌를 찾아다닌다.	예( ), 아니오( )
보고서 등 쓰기 과제를 남에게 부탁하거나 베낀 적이 있다.	예( ), 아니오( )
글을 쓸 때면 왠지 불안해지고 시작을 어떻게 해야 할지 모르겠다.	예( ), 아니오( )
나 자신만의 생각으로 3쪽 이상 쓰기 어렵다.	예( ), 아니오( )
아이디어는 있는데 어떻게 풀어 써야 할지 모르겠다.	예( ), 아니오( )
잘 쓴 것 같은데 교수님의 평가가 낮게 나온다.	예( ), 아니오( )
내가 쓴 글을 보고 이해되지 않을 때가 있다.	예( ), 아니오( )
보고서 마감일이 너무 부담스럽다.	예( ), 아니오( )
글을 쓰다 보면 내 주장이 엉뚱한 방향으로 흘러갈 때가 있다.	예( ), 아니오( )
내가 말하려고 하는 바를 글로 정확히 표현하기가 어렵다.	예( ), 아니오( )

'아니오' 보다 '예' 가 많이 나왔다면 글쓰기 훈련이 필요하다. '예' 가 많은 사람의 경우 대부분 생각하는 훈련이 부족하기 때문이다. 단정적으로 말하면 글쓰기는 '생각하기' 다. 즉, 명확하게 생각하는 훈련을 하면 명확한 글을 쓸 수 있다. 또한 글쓰기 방법을 배우는 자체가 효과적인 학습방법이 된다.

글쓰기에도 과정이 있다. 초보자는 처음부터 완벽하게 글을 쓰려고 한다. 강박관념에 사로잡혀 글을 쓰다 보니 글의 내용이 엉키고 엉뚱한 방향으로 가기 일쑤다. 반면, 글쓰기에 능숙한 사람은 글을 계획하고, 메모하고, 글 쓰는 목적을 규명하고, 브레인스토밍을 하는 등 복잡한 과정을 거쳐 글을 완성한다. 다시 말해, 초보자는 생각의 과정을 생략한 채 글을 쓰는 경향이 있고, 숙달된 사람은 생각하는 과정이 길고 복잡하다.

좋은 글은 글쓴이가 전달하고자 하는 생각과 감정을 정확한 언어로 표현한 글이다. 글의 목적에 따라 달라질 수 있지만 '주제가 분명한 글' '진실이 담겨 있는 글' '독특하고 개성이 담긴 글' 이다.

일반적으로 좋은 글은 다음과 같은 특징을 가지고 있다.

첫째, 좋은 글은 독창성이 있어야 한다. 독창적인 글이란 표현과 내용에 있어 참신성과 개성이 나타나야 한다. 독창성은 소재와 표현이 독창적이어야 함을 의미한다.

둘째, 좋은 글은 읽을 가치가 있어야 한다. 글을 읽고 유익했다는 느낌을 독자에게 주어야 한다. 내용에 충실하려면 글의 소재와 주제를 오랜 숙고 끝에 정해야 한다. 또한 거짓 정보를 그럴 듯하게 꾸며내서는 안 되며, 자신의 지식을 자랑하며 기교를 부리는 글은 가치 있는 글과 거리가 멀다.

셋째, 좋은 글은 독자가 쉽게 이해할 수 있도록 쓴 글이다. 현학적인 글보다는 쉬운 말로 풀어 쓰거나 간결한 글이 명확한 글이다. 모호한 어휘와 막연한 표현, 주장과 결론이 엉성한 글은 독자에게 혼란만 줄 뿐이다.

넷째, 최소한의 표현으로 최대한의 의미를 전달한 글이 좋은 글이다. 불필요하고 장황한 표현은 주장하는 내용을 불명확하게 만든다.

대학의 모든 강좌에서 리포트는 필수적인 과제다. 대학에서의 글쓰기는 학술적인 글을 의미한다. 학술적인 글의 대표적인 예가 논문이다. 대학에서 논문은 주로 학위논문을 의미하지만, 엄밀히 말하면 학위논문도 논문의 한 종류일 뿐이다. 흔히 학부 학생들 사이에서는 '리포트' 라는 용어가 일반적으로 통용된다. 단어의 뜻만 보면 리포트는 '조사, 답사, 실험 등을 통해 얻어진 결과를 정리한다' 는 것이지만, 대학에서는 그 이상의 의미로 자신의 주장과 의견이 포함되는 것이 일반적이다. 사적인 내용이나 남의 이야기를 소설처럼 쓰는 리포트로는 좋은 학점을 취득할 수 없다. 대학에서의 글쓰기는 '전략과 기술' 이다.

리포트도 좋은 글쓰기와 마찬가지로 다음과 같은 조건을 갖추고 있어야 한다.

첫째, 자신의 주장이나 글의 주제가 독창적이어야 한다. 증거자료가 없는 개인의 주장, 출처를 밝히지 않고 베껴 쓴 인용문, 견해나 주장을 비판 없이 나열한 글 등은 독창적이지 않을 뿐만 아니라 좋은 점수를 얻을 수도 없다.

둘째, 리포트에 담은 내용은 객관적이고 사실에 근거한 내용을 중심으로 작성해야 한다. 인명이나 통계적 자료, 인용문 등은 반드시 사실에 근거해야지 자신의 편견이나 감정에 이끌려 작성하면 안 된다.

셋째, 리포트의 내용은 간결하고 명료하고 어법에 맞추어 써야 한다. 지나치게 현학적이거나 초점 없이 장황하게 늘어놓은 글은 감점 대상이다.

3. 리포트를 잘 못 쓰는 이유

최근 고등학생들은 대입 논술 준비를 위해 자신의 주장을 논리적으로 전개하는 훈련을 받고 있다. 하지만 논술 훈련은 수능을 치르고 난 후 약 1~2개월 정도 준비하는 데 그친다. 이는 논리적으로 글을 분석하고 쓰는 데 별 도움이 되지 않는다.

그동안 우리는 문학적인 '글짓기'에 더 많은 비중을 두고 공부해왔다. 따라서 글은 아름다워야 하고 읽는 사람의 마음을 움직일 수 있어야 한다고 생각한다. 이런 문학적인 글은 '기-승-전-결'로 이루어지기 때문에 결론이 가장 나중에 나온다. 탐정소설이나 추리소설을 보면 마지막 순간까지 결론을 알지 못해 매우 흥미진진하다. 그러나 대학 리포트에서 쓰는 글은 달라야 한다. 리포트 작성 목적이 학생들의 문제파악 능력과 문제해결 능력을 보는 데 있기 때문이다. 또한 자료조사 능력과 조사된 자료를 논리적으로 전개하는 능력도 함께 평가한다.

대학에서의 리포트 작성은 그대로 직장으로 이어진다. 기업 보고서를 문학적인 글로 작성했다고 가정해보자. 상사가 미소를 지으며 만족해할 것 같은가? 아마 공중에 흩날리는 보고서 뭉치를 보게 될 것이다. 결론과 논리가 모호한 보고서는 1분 1초를 다투는 기업의 생존경쟁에서는 용납될 수 없기 때문이다.

학생들의 자기소개서를 보면 대부분이 문학적인 글로 장식하고 있다. 태어난 환경과 가정사, 에피소드 등이 주류를 이루고 있다. 동양 학생과 서양 학생이 작성한 자기소개서의 차이점은 '문학적 글인가?' 아니면 '실용적 글인가?'로 구분된다. 서양 학생은 자신의 장점과 능력을 앞세워 전개하고, 그 장점과 능력을 뒷받침하는 자료와 활동근거를 제시하는 형식을 취한다. 그렇다면 동양인은 서양인에 비해 논리가 취약한가?

미시건대학교 심리학과 리처드 니스벳 교수의 연구를 살펴보자.

동서양 학생을 상대로 '소, 닭, 풀밭' 가운데 2개 짝짓기를 실험하였다. 동양 학생들은 대부분 '소-풀밭'을 짝짓는데 비하여 서양 학생들은 '소-닭'을 짝지었다. 즉, 동양 학생들은 '관계'에 주목하여 소가 풀을 '먹는' 동사에 중점을 두었고, 서양 학생들은 '범주'에 주목하여 상위 개념인 '동물'이라는 명사에 중점을 두었다(예외, 한국 학생들에게 질문한 결과 '소-닭'을 짝지었는데, 이는 속담 '소가 닭 보듯 한다'를 떠올린 결과이다. 역시 '본다'라는 동사에 관점이 있다). 따라서 동양인은 사물을 분류할 때 그들 사이의 관계에 초점을 맞추지만, 서양인은 사물들의 기본 속성을 추론하여 이들을 범주로 묶어 분류한다. 이런 차이는 언어 습득 과정에도 그대로 나타나, 동양은 사물의 관계를 표현하는 동사를 먼저 습득하고, 서양은 사물의 공통 특성인 명사를 먼저 습득한다. '차 더 마실래?'가 동양은 'drink more?'이지만 서양은 'more tea?'로 표현하는 것을 보더라도 알 수 있다.

출처 : 리처드 니스벳 지음 · 최인철 옮김, 『생각의 지도』(김영사, 2004).

동양인은 관계에 기초한 통합적인 사고에 능하고, 서양인은 범주화에 기초한 논리적인 사고에 뛰어나다. 우리는 이미 관계형 사고와 통합적 사고라는 중요한 사고 도구를 갖추고 있다. 논리적 사고를 단숨에 습득할 수는 없다. 하지만 이미 검증된 논리적 사고 전개 과정을 충실히 따른다면 짧은 시간 내에 이를 극복해낼 수 있다. 지금까지 리포트 작성에 어려움이 있었다면 리포트 작성의 전략과 기법을 배우도록 하자.

리포트 작성의 전략적인 도구로 사용되고 있는 ‘힘 있는 글쓰기’ 기법에 대하여 알아보자. ‘힘 있는 글쓰기’는 실용 글쓰기 분야에서 국내외적으로 이미 검증된 기법이다. ‘힘 있는 글쓰기’는 ‘Power Writing’에 그 배경을 두고 있고, Power Writing을 한국화하고 그 방법을 개선하여 지어진 이름이다.

‘힘 있는 글쓰기’는 남캘리포니아 대학의 스파크(J. E. Sparks) 박사의 연구로 개발되었다. 스파크 박사는 브리태니커사의 60권으로 된 아리스토텔레스부터 현대작가까지 고전을 총망라한 ‘그레이트북스’ 시리즈를 분석(소설체 작가 제외)하였다. 그 결과 한 가지 결론에 도달했다. 모두가 ‘main idea’를 먼저 제시하고 이를 ‘details’로 뒷받침하고 있다는 것이다. 이러한 연구로 스파크 박사는 main idea와 details에 숫자를 붙여 1982년에 그의 저서 *Write for Power*에서 소개하고 있다.

이 책에서는 ‘힘 있는 글쓰기’를 이공계를 포함한 자연/인문계 등 전 대학생으로 그 활용범위를 확대하였다. 제2장에서는 ‘힘 있는 글쓰기’를 통하여 짧은 글쓰기, 리포트 작성 전략을 소개한다. 그리고 제6장에서는 자기소개서 작성과 토론, 면접 전략에 힘 있는 글쓰기’ 기법을 적용하여 소개하였다.

> - Power 1 = main idea or focus (주제/주장)
> - Power 2 = major detail, supporting (근거)
> - Power 3 = minor detail, elaboration (증명)
> - Power 4 = main idea or focus (주제/주장)

출처 : 임재춘, 『한국의 이공계는 글쓰기가 두렵다』(북코리아, 2006).

그림 1 ★ 힘 있는 글쓰기 구조 - ①

이제 '힘 있는 글쓰기'를 통해 짧은 글쓰기에 도전해보자. 글을 완성하기 위해서는 먼저 글의 구성요소를 살펴볼 필요가 있다. '문단'은 한 편의 글을 이루는 기본 단위다. '문장'은 문단을 구성하는 기본 단위로서 의사전달의 기초가 된다. '단어'는 문장을 구성하는 의미 있는 최소 단위이다. 글쓰기 과정에서 가장 힘든 부분은 문장을 조합하여 문단을 구성하는 과정이다. 이 과정을 잘 이해하면 설득력 있고 논리적인 글을 완성하는 것이 그리 어렵지 않을 것이다.

먼저, '힘 있는 글쓰기'의 기본인 4단 글쓰기로 문단 만들기, 즉 문장을 조합하여 만든 설득력 있는 문단을 살펴보자.

- 결론을 먼저 제시하라. (힘 ❶ : 주제/주장)
- 근거로 결론을 뒷받침하라. (힘 ❷ : 근거)
- 증명으로 근거를 설득력 있게 뒷받침하라. (힘 ❸ : 증명)
- 결론을 다시 제시하라. (힘 ❹ : 주제/주장 확인)

'유전자 변형 식품의 개발은 필요하다'라는 주제로 '힘 있는 글쓰기' 4단(주장―근거―증명―주장 확인) 기법을 시작해보자. 글을 쓰기 전에

'생각 정리'의 단계를 거쳐야 한다. 먼저, 자신의 주장을 명확히 해야 하고, 그 다음엔 주장을 뒷받침하는 근거를 찾아야 한다. 마지막으로 그 근거를 뒷받침하는 증거자료를 찾는 일이다.

— 나의 주장은 무엇인가?
  'LMO의 연구와 개발은 꼭 필요하다!' ❶

— 주장에 대한 근거를 제시해야 한다. 상대방은 '왜 필요한가?' 라고 반문할 것이다. 이 질문에 대한 대답은 무엇인가?
  '인류의 생존에 큰 도움이 되기 때문이다.' ❷

— 근거를 뒷받침하는 증거들을 제시해야 한다. 상대방은 '어떤 도움이 있는가?' 라는 의문을 갖게 될 것이다. 대답은 무엇인가?
  '콩, 감자 등의 품종개발로 다량생산이 가능해져 풍부한 식량을 얻고 있다.' ❸

— 근거와 증거를 통해 자신의 주장을 다시 한 번 점검해야 한다.
  'LMO에 대한 연구개발이 인류의 미래에 큰 도움이 된다고 생각한다.' ❹

마지막 주장을 재확인하는 부분에서 처음 제시한 주장을 그대로 쓰면 설득력이 떨어진다. 너무 장황하지 않게 강한 어조로 마무리하자.

각 단문들을 연결하여 하나의 문단으로 정리해야 글쓰기가 마무리된다.

"LMO의 연구 개발은 꼭 필요하다. 왜냐하면 LMO는 이미 인류의 생존에 큰 도움을 주고 있기 때문인데, 콩, 감자 등의 품종개발로 다량생산이 가능해져 풍부한 식량을 얻고 있다. 지금까지 품종개량을 해왔지만 아직도 식량이 부족하다. 따라서 LMO에 대한 연구개발이 인류의 미래에 큰 도움이 된다고 생각한다."

'힘 있는 글쓰기' 4단 기법으로 쓴 글을 정리하면 약 150자 전후의 글을 쓸 수 있다. 이제 '힘 있는 글쓰기' 4단 기법을 사용해서 'LMO 연구와 개발에 반대' 주장을 직접 전개해보자.

- 나의 주장은 무엇인가?

- 주장에 대한 근거는 무엇인가?(이유/방법)

- 근거를 뒷받침해주는 증거들은 무엇인가?(사실, 의견, 자료, 사례)

- 근거와 증거를 통해 자신의 주장을 확인하라.

'힘 있는 글쓰기'에 대해 좀 더 자세히 알아보자.

첫째, 결론을 먼저 제시하라. (힘 ❶ : 주제/주장)

　　－ 실용 글쓰기의 목적은 의사전달의 효율성이다.

　　－ 주장을 먼저 제시하여 논의의 초점을 흐리지 않도록 한다.

둘째, 근거로 결론을 뒷받침하라. (힘 ❷ : 근거)

　　－ 근거는 주로 '이유(why)'나 '방법(how)' 중 하나를 취하게 된다.

　　－ 기업 보고서는 주로 '결론 → 이유 → 방법' 형으로 수직적 전개를 많이 취한다.

　　－ '문제제기 → 문제해결' 형과 '사실 → 판단기준 → 판정' 형도 자주 사용된다.

　　－ 수평적으로 전개할 때는 근거의 '중복과 누락'을 살펴야 한다.

셋째, 증명으로 근거를 설득력 있게 뒷받침하라. (힘 ❸ : 증명)

　　－ 증명은 주로 사실(reality), 의견(opinion), 자료(material), 사례(example)로 구성되며, 구체적이고 상세한 내용을 담아야 한다.

넷째, 결론을 다시 제시하라. (힘 ❹ : 주제/주장 확인)

　　－ 근거를 바탕으로 한 좀 더 개선된 형태의 주장이 필요하다.

　　－ '건의사항'과 '대안제시'의 내용도 많이 사용된다.

전체적인 구조를 보면, '증명'이라는 기초 위에 '근거'라는 기둥을 세워 '결론'이라는 용마루를 얻은 안정된 '피라미드 구조'를 이룬다. 이제 본격적으로 '유전자 변형 식품 개발에 찬성'하는 한 편의 완성된 글쓰기를 시작해보자. '힘 있는 글쓰기'는 다음의 단계로 진행한다.

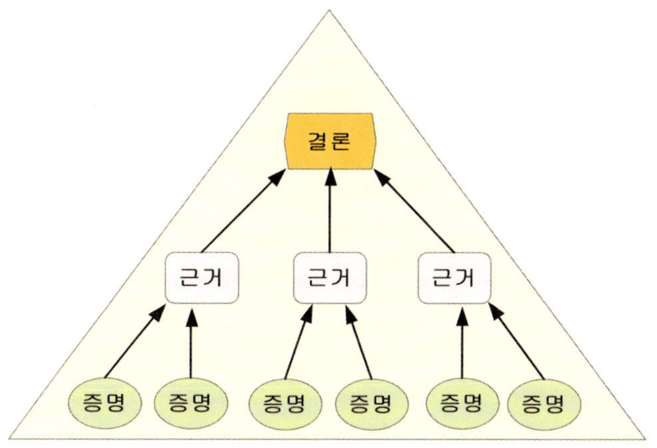

그림 2 ★ 힘 있는 글쓰기 구조 - ②

① 글감 찾기(sampling)

② 문장 속성 정리(measurement)

③ 글의 개요 짜기(arrangement)

④ 세련된 글쓰기(refine)

⑤ 독창적인 제목 정하기(thema define)

글감 찾기

먼저, 유전자 변형 식품에 대해 인터넷과 관련 서적 등을 참고하여 글감을 찾아 모으고 정리한다. 찬성과 반대의 입장을 충분히 이해하기 위해 신문의 독자 기고란도 참고할 필요가 있다. 글감은 간결하고 완성된 하나의 문장으로 요약하여 정리한다. 다음에 정리된 글감 리스트를 참조하자.

- LMO(living genetically modified organism)란 유전자 변형 유기(생명)체를 말한다.
- 유전자 변형 식품(GMO)이란 식물의 유전자를 인위적으로 변형시켜 만든 식품을 말한다.
  *GMO(genetically modified organism)
- 유용한 동식물을 만들기 위한 노력은 과거 '육종'으로 계속된 일이다.
- 특별한 조치 없이 유전자 조작 식품을 먹어 왔다.
- 민간 기업의 LMO연구에 대한 투자가 위축될 수 있다.
  ……

▌문장 속성 정리

대중매체에서 찾은 글감과 자신의 생각을 나열한 후의 문장들을 '힘 있는 글쓰기'의 기본 요소인 주장, 근거, 증명 세 가지의 정보로 분류한다. 가장 먼저 해야 할 일은 관련된 정보들끼리 묶어서 정리하는 것이다.

[그림 3]의 문장들을 보고 관련성 및 공통점을 찾아 분류를 계속하라. 예를 들어, 그룹 **2**의 ①, ④, ⑥ 문장은 'LMO의 위험성에 대한 대비' 측면에서 공통점을 갖는다.

관련성과 공통점의 정리가 끝나면 문장의 속성을 기록한다. 주장이 담긴 문장은 ❶, 주장을 뒷받침하는 근거에 해당하는 문장은 ❷, 근거를 뒷받침하는 세부적인 문장은 ❸으로 표시한다.

**유전자 변형 식품의
도입에 찬성하는 글**

1

유용한 동식물을 만들기 위한 노력은 '육종'으로 계속된 일이다.

인구의 증가와 환경오염 등으로 식량난이 가중되고 있다.

새로운 품종의 개발로 인류의 미래를 발전적으로 바꿀 수 있다.

기술 발달로 유전자를 재조합하여 새로운 품종개발을 하고 있다.

지구상의 에너지가 고갈되고 인류는 난치병에 시달리고 있다.

2

정부는 LMO의 안전성을 위해 엄정한 제도를 마련해야 한다. ①

소비자 단체와 언론은 비양심적 기업을 공개해야 한다. ②

특별한 조치 없이 유전자 조작 식품을 먹어 왔다. ③

소비자 단체와 언론이 부정적인 단면만을 보도하여 왔다. ④

생태계 교란 등 환경 재앙이 발생할 수도 있다. ⑤

기업들은 식품에 LMO 표시를 분명히 해야 한다. ⑥

LMO는 인류의 안전성에 위협이 될 수 있다. ⑦

과학적 규명 없이 반대 여론이 강해지고 있다. ⑧

3

건강을 위한 식품을 생산해 장수를 누릴 수 있다.

세계의 종자시장 규모는 약 300억 달러에 이른다.

질병 치료와 예방에 도움을 줄 수 있다.

다국적 종자기업이 종자시장을 장악하고 있다.

난치병으로 고생하는 사람들을 구제할 수 있다.

석유와 석탄을 대체하는 에너지를 만들 수 있다.

질병에 강하고 소출량이 많아 식량난을 해소할 수 있다.

우리나라도 에너지 수출국이 될 수 있다.

그림 3 ★ 문장 속성 정리 - ①

유전자 변형 식품의 도입에 찬성하는 글

1
- 나는 유전자 변형 식품의 개발에 찬성한다. ❶
  - 유용한 동식물을 만들기 위한 노력은 '육종'으로 계속된 일이다.
  - 기술 발달로 유전자를 재조합하여 새로운 품종개발을 하고 있다.
  - 새로운 품종의 개발로 인류의 미래를 발전적으로 바꿀 수 있다.
  - LMO의 연구개발에 정부차원의 정책과 지원이 필요하다. ❹
  - 인구의 증가와 환경오염 등으로 식량난이 가중되고 있다.
  - 지구상의 에너지가 고갈되고 인류는 난치병에 시달리고 있다.

2
- LMO의 본질적 의미를 망각하는 것이다. ❷
  - 특별한 조치 없이 유전자 조작 식품을 먹어 왔다. ❸
  - LMO는 인류의 안전성에 위협이 될 수 있다. ❸
  - 소비자 단체와 언론이 부정적인 단면만을 보도하여 왔다. ❸
- 민간기업의 LMO연구에 대한 투자가 위축될 수 있다. ❷
  - 생태계 교란 등 환경 재앙이 발생할 수도 있다. ❸
  - 과학적 규명 없이 반대 여론이 강해지고 있다. ❸
- LMO의 장점을 인정하면서 위험성을 막아내야 한다. ❷
  - 정부는 LMO의 안전성을 위해 엄정한 제도를 마련해야 한다. ❸
  - 소비자 단체와 언론은 비양심적 기업을 공개해야 한다. ❸
  - 기업들은 식품에 LMO 표시를 분명히 해야 한다. ❸

3
- 식품과 축산 분야의 신기능성 식품 개발이 요구된다. ❷
  - 건강을 위한 식품을 생산해 장수를 누릴 수 있다. ❸
  - 질병 치료와 예방에 도움을 줄 수 있다. ❸
- 신품종 개발을 통한 경제적 이익도 기대된다. ❷
  - 세계의 종자시장 규모는 약 300억 달러에 이른다. ❸
  - 다국적 종자기업이 종자시장을 장악하고 있다. ❸
- 바이오 신약 분야의 신치료제 개발이 요구된다. ❷
  - 질병에 강하고 소출량이 많아 식량난을 해소할 수 있다. ❸
  - 난치병으로 고생하는 사람들을 구제할 수 있다. ❸
- 바이오 에너지 분야의 대체 에너지 개발도 필요하다. ❷
  - 석유와 석탄을 대체하는 에너지를 만들 수 있다. ❸
  - 우리나라도 에너지 수출국이 될 수 있다. ❸

그림 4 ★ 문장 속성 정리 – ②

유전자 변형 식품의 도입에 찬성하는 글

서론 — 나는 유전자 변형 식품의 개발에 찬성한다.
① 유용한 동식물을 만들기 위한 노력은 '육종'으로 계속된 일이다.
기술 발달로 유전자를 재조합하여 새로운 품종개발을 하고 있다.
새로운 품종의 개발로 인류의 미래를 발전적으로 바꿀 수 있다.

본론 — 긍정적 측면
LMO의 본질적 의미를 망각하는 것이다.
② 특별한 조치 없이 유전자 조작 식품을 먹어 왔다. ③
LMO는 인류의 안전성에 위험이 될 수 있다. ③
소비자 단체와 언론이 부정적인 단면만을 보도하여 왔다. ③
민간기업의 LMO연구에 대한 투자가 위축될 수 있다.
생태계 교란 등 환경 재앙이 발생할 수도 있다.
과학적 규명 없이 반대 여론이 강해지고 있다.
LMO의 장점을 인정하면서 위험성을 막아내야 한다.
기업들은 식품에 LMO 표시를 분명히 해야 한다.
소비자 단체와 언론은 비양심적 기업을 공개해야 한다.
정부는 LMO의 안전성을 위해 제도를 마련해야 한다.

부정적 측면
식품과 축산 분야의 신기능성 식품 개발이 요구된다.
② 건강을 위한 식품을 생산해 장수를 누릴 수 있다. ③
질병에 강하고 소출량이 많아 식량난을 해소할 수 있다. ③
신품종 개발을 통한 경제적 이익도 기대된다.
세계의 종자시장 규모는 약 300억 달러에 이른다.
다국적 종자기업이 종자시장을 장악하고 있다.
바이오 신약 분야의 신치료제 개발이 요구된다.
질병 치료와 예방에 도움을 줄 수 있다.
난치병으로 고생하는 사람들을 구제할 수 있다.
바이오 에너지 분야의 대체 에너지 개발도 필요하다.
석유와 석탄을 대체하는 에너지를 만들 수 있다.
우리나라도 에너지 수출국이 될 수 있다.

결론 — LMO의 연구개발에 정부차원의 정책과 지원이 필요하다.
④ 인구의 증가와 환경오염 등으로 식량난이 가중되고 있다.
지구상의 에너지가 고갈되고 인류는 난치병에 시달리고 있다.

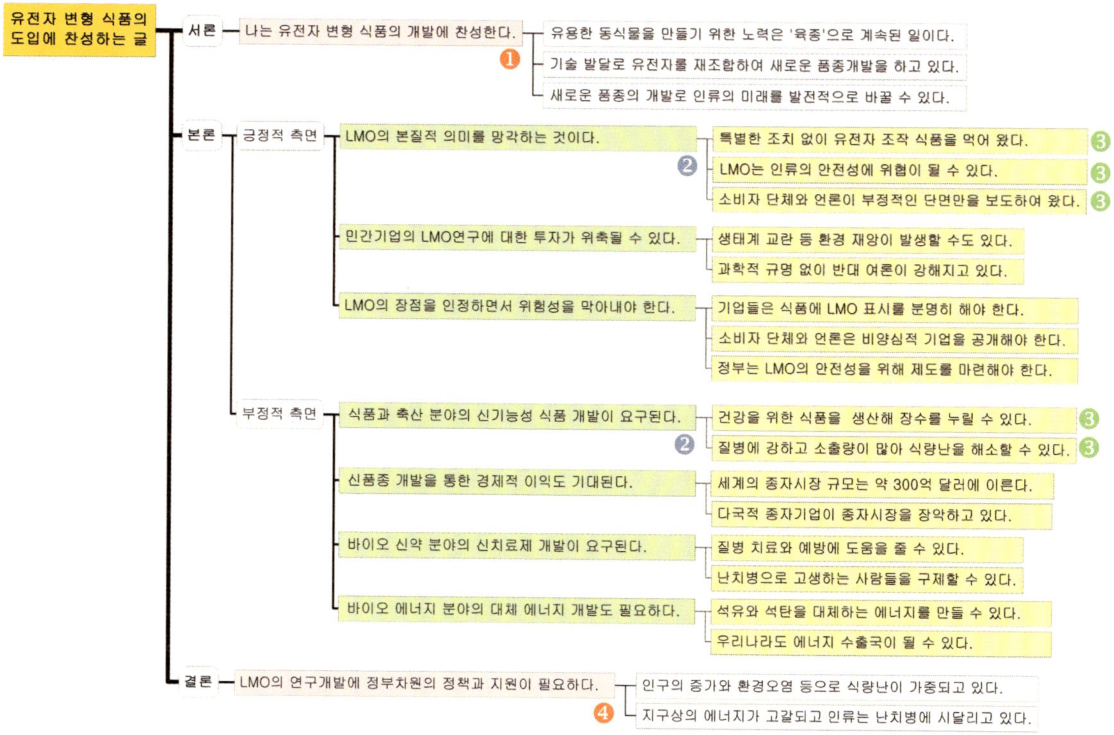

그림 5 ★ 글의 개요 짜기

글의 개요 짜기

이제 서론, 본론, 결론의 내용을 '힘 있는 글쓰기'로 개요를 짜보자
([그림 5] 참조).

서론 − ① 주장 전개하기

본론 − ② 주장에 대한 근거 제시하기

　　　　③ 근거 뒷받침하기

결론 − ④ 근거를 바탕으로 주장 강조하기

세련된 글쓰기

개요를 통해 글의 논리적인 맥락을 잡았다면, 이제 본격적인 글쓰기
에 들어간다. 우선, [그림 6]의 구조를 보고 어떻게 문장들을 연결해야
할지 생각해보자.

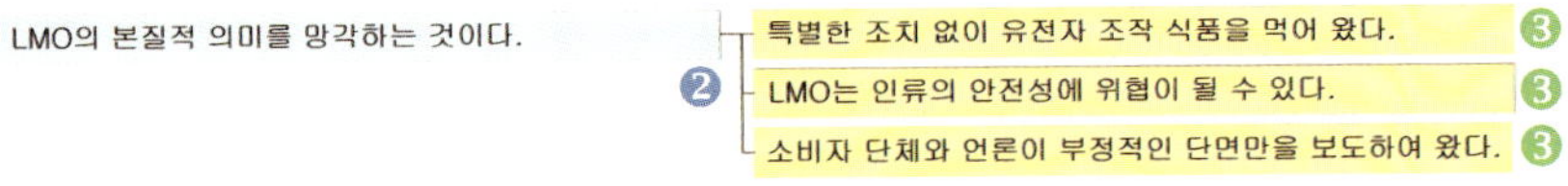

그림 6 ★ 세련된 글쓰기

우리는 특별한 조치 없이 LMO를 먹어 왔다. 이렇게 섭취된 LMO는 인
류의 안전성에 위협이 될 수 있다. 소비자 단체와 언론은 LMO의 부정적
인 단면을 보도해 왔다. 이러한 행위는 LMO의 본질적 의미를 망각하는
것이다.

이제 [그림 7]을 보고 각 문장들을 어떻게 연결해야 할지 생각해보자.

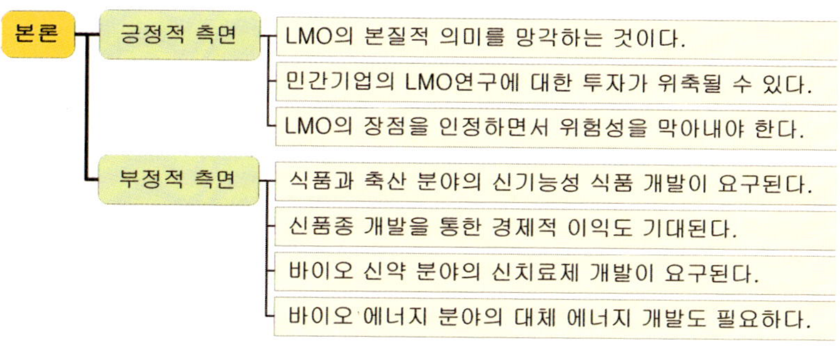

그림 7 ★ 세련된 글쓰기

[그림 7]을 다음과 같이 하나의 짧은 문단으로 정리해볼 수 있다.

　식품과 축산 분야의 신기능성 식품 개발이 요구된다. (왜냐하면) 건강을 위한 식품을 생산해 장수를 누릴 수 있기 때문이다. 그리고 질병에 강하고 소출량이 많아져 식량난을 해소할 수 있기 때문이다.

　다음으로 큰 문단의 관계를 보자. 두 문단이 긍정적 측면과 부정적 측면으로 구성되어 대응 구조를 이루고 있음을 알 수 있다.

　글의 논리 전개 방식이 결정되었다면, 이제 본격적인 글쓰기에 들어간다. 그 전에 다음의 사항을 참고하도록 하자.

그림 8 ★ 세련된 글쓰기 - 문단 구조

- 문장은 최대한 간결하게 작성한다. 한 문장에 하나의 의미만을 담는다. 한 문장은 40자를 넘지 않도록 한다.
- 연결 문장은 접속사를 사용하되, 너무 많은 접속사는 피하도록 한다.

다음은 개요짜기를 통해 최종 정리된 글이다.

인간에게 유용한 동물과 식물을 만들기 위한 노력은 과거 '육종'이란 방법으로 계속되어 왔다.

최근 기술의 발달로 유전자를 재조합하여 새로운 품종을 개발하고 있다. 이렇게 개발된 식량, 의약품 분야 등의 새로운 품종들을 통해 인류는 큰 도움을 받아왔고, 미래를 발전적으로 바꿔나갈 수 있다. 따라서 나는 LMO 연구와 개발에 적극적으로 찬성한다.

1999년 이후 우리는 특별한 조치 없이 LMO를 식탁에 올려왔다. 이렇게 섭취된 LMO는 인류의 안전에 위협이 된다는 문제가 제기되고, 소비자 단체와 언론은 LMO의 부정적인 단면을 보도함으로써 불안감이 가중되고 있다. 이러한 행위는 LMO의 본질적 의미를 망각하는 것이다. LMO가 생태계를 교란시켜 환경 재앙이 발생될 수 있다는 여론이 거세지고 있고, 아직 과학적으로 규명되지 않은 인류 안전성에 대한 부분을 문제 삼고 있다. 자칫 정부와 민간기업의 LMO에 대한 연구와 투자 분위기를 위축시킬 수 있다. 만약의 문제를 위해 기업들은 식품에 LMO 표시를 분명히 하고, 소비자 단체와 언론은 비양심적 기업을 공개해야 한다. 정부는 LMO의 안전성을 위해 엄정한 제도를 마련해야 한다. 장점은 인정하면서 위험성을 막아내는 노력들을 아끼지 않아야 한다.

LMO의 개발은 우리 생활에 매우 중요한 영향을 미친다. 특히 식품과 축산 분야의 신기능성 식품 개발이 요구되고 있다. 건강을 위한 식품을 생산해 장수를 누릴 수 있기 때문이다. 그리고 질병에 강하고 소출량이 많아져 식량난을 해소할 수 있기 때문이다. 신품종 개발을 통한 경제적 이익도 기대된다. 세계의 종자시장 규모는 약 300억 달러에 이른다. 하지만 다국적 종자기업이 종자시장을 장악하고 있다. 바이오 신약 분야의 신치료제 개발 또한 매우 중요하다. 인류의 질병 치료와 예방에 도움을 줄 수 있으며, 난치병으로 고생하는 사람들을 구제할 수 있기 때문이다. 지구상의 고갈되어가는 에너지 자원에 대비한 바이오 에너지 분야의 대체 에너지 개발은 더더욱 중요하다. 석유와 석탄, 천연가스 등을 대체하는 에너지를 만들어 우리나라도 에너지 수출국이 될 수 있다.

현재 지구촌은 인구의 증가와 환경오염 등으로 식량난이 가중되고 있다. 지구상의 에너지가 고갈되고 인류는 난치병에 시달리고 있다. 따라서 LMO의 연구와 개발에 정부차원의 정책과 지원이 반드시 필요하다.

독창적인 제목 정하기

글쓰기가 완성되었으면 다음으로 자신의 주장이 담긴 독창적인 제목을 정하는 과정이 필요하다. 먼저, 글의 주요 키워드를 찾아 개요를 정리한다. 키워드들을 전체적으로 살펴보라. 직관적으로 연결되는 단어들이 있는가? 단어들을 묶어 하나의 문장으로 표현해둔다.

제목 : 유용한 대체 에너지 개발로 미래의 경제를 주도하자.

신기능성 바이오 에너지 개발로 인류의 미래를 대비하자.

새로운 품종 개발로 미래의 질병과 식량난을 대비하자.

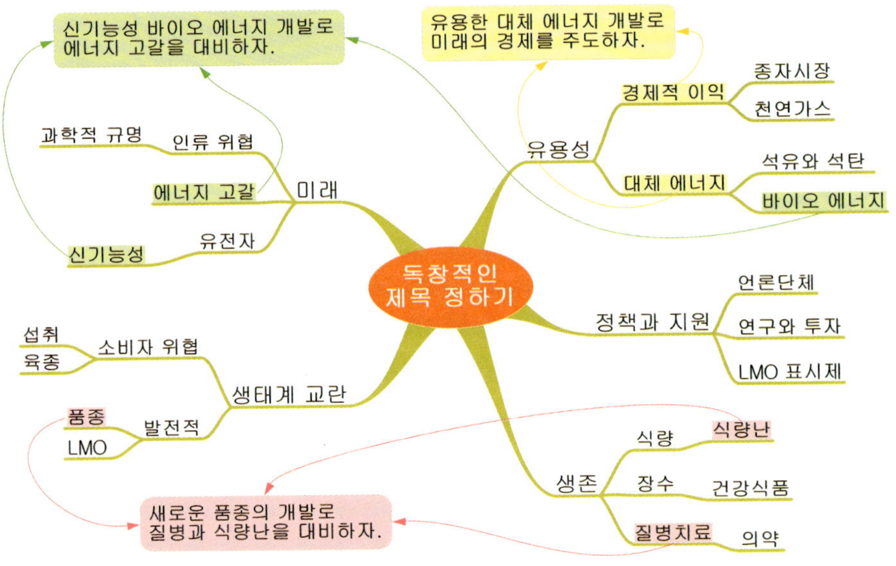

그림 9 ★ 독창적인 제목 정하기

가장 눈에 띄는 제목은 어떤 것인가? '신기능성 바이오 에너지 개발로 인류의 미래를 대비하자'는 어떤가? 좀 더 독창적인 아이디어를 찾기 위해서는 문장을 최대한 다양하게 찾아내는 것이 좋다.

5. A⁺ 리포트로 탈바꿈시키기

다음의 리포트를 글쓴이의 주장과 논거를 중심으로 찾아 읽고, 리포트를 평가하는 교수의 입장에서 생각해보자. 리포트 과제는 A4 1장 분량의 '환경개발과 보호에 관련하여 찬성 또는 반대하는 글쓰기' 다.

제목 : 환경개발에 대한 반대 글

핀쇼의 보호관리정책과 뮤어의 보전정책의 가장 큰 차이점은 자연환경의 어떠한 가치를 추구하느냐에 있다고 본다.

보호관리자들은 자연환경의 가치를 인간의 이익을 위한 수단에서 찾기 때문에 인간의 더 큰 장기적인 이익을 위하여 자연을 보호해야 한다고 한다. 이를테면, 헤츠헤치 계곡에 댐을 건설하여 인간이 이익을 누리되 잘 관리해서 장기적이고 보다 효과적으로 사용하자는 것이다. 이런 점에서, 보호관리라는 말보다는 이익관리라고 해두는 편이 옳지 않을까?

반면, 보전주의자들은 자연환경을 그 자체의 목적적 가치로 인정하며, 종교적 영감, 현대생활의 안식처, 심미적 경험을 위한 장소로서의 가치를 중요시한다. 그래서 자연환경은 그 자체로 보전해야 한다고 주장하는 것이다.

사실 보호관리를 주장하는 자들은 그 동안 자연환경이 소수의 특권 계급층에 국한되어 이용되었기 때문에 보다 많은 사람들에게 혜택이 돌아가야 한다고 주장한다. 또한 그러기 위해서는 국가가 나서서 개발하고 관리하여, 낭비를 막고 독점을 제한하고, 다수에게 경제적 기회를 제공하고 가격을 낮추어야 한다고 주장한다. 하지만 조금만 넓은 범위에서 생각해보면 이는 얼마나 모순된 주장인지 알 수 있다. 산림이 소수 특권층의 이익으로만 돌아가는 것을 반대하면서 지구의 자연환경이 인간이라는 소수에 의해 이용되기를 주장하다니……. 지금 당장 인간들의 이익을 위하여 앞으로 살아갈 우리 후손들에게 고통을 안겨주다니…….

핀쇼는 또한 전문가를 고용하여 이러한 개발의 결과를 예측하고, 계산하고 비교할 것을 기대한다. 전문가의 객관적인 계산 하에 나온 명백한 답이니 이것을 따라야 한다는 것이다. 하지만 그들은 이 부분에서 근본적 접근 방법이 잘못되었다는 것을 간과하고 있다. 이것은 어떻게 하면 인간의 이익을 높일 수 있을까에 대한 객관적인 답이지, 결코 모든 여건과 자연환경의 이익에 대한 답은 아니기 때문이다.

이러한 관점에서 볼 때 나는 평등의 개념을 국한된 인간뿐만 아니라, 지구의 미래를 포함한 모든 자연환경까지 포함해서 추구하는 뮤어의 보전정책을 지지한다. 이러한 입장의 근본적인 가치는 이 세상의 모든 것들을 평등하게 보는 입장과 자연 하나하나를 소중하게 생각하는 것이라고 할 수 있겠다.

비록 우리가 자연환경을 이용하며 살아가고 있다고 할지라도 우리는 자연의 일부일 뿐이다. 우리가 우리 눈앞의 이익을 위해 우리와 같이 공존하는 자연을 파괴한다면, 지금 우리가 겪고 있는 기상 이변이 그렇듯 머지않아 우리 자신과 우리 후손에게 재앙으로 돌아올 것이다. 우리는 당장의 이익에만 급급할 것이 아니라 어떤 것이 가치 있는 판단인지 잘 생각하고 선택해야 할 것이다.

위의 글을 읽으면서 어떤 느낌이 들었는가? 주장이 너무 늦게 나타나 읽는 사람으로 하여금 답답하게 만들고 있지는 않은가? 글의 문단이 너무 많지는 않은가? 제목이 너무 평이하여 글을 집중해서 읽게 만드는 동기부여가 약하지는 않은가?

이 글을 개선하여 자신의 주장이 더욱 잘 전달될 수 있는 글로 고쳐보자. '힘 있게 고치기' 는 다음의 다섯 단계에 따라 진행한다. '힘 있는 글쓰기' 와는 첫 단계만 다르고 나머지는 같다. 즉, '글감 찾기' 가 아니라 '문장 분리하기' 이다.

① 문장 분리하기(separate)
② 문장 속성 찾기(measurement)
③ 글의 개요 짜기(arrangement)
④ 세련된 글쓰기(refine)
⑤ 독창적인 제목 정하기(thema define)

문장 분리하기

'힘 있게 고치기' 의 첫 단계로 자신이 쓴 글의 전체 구조를 보기 위해 글을 각 문단으로 분리하고, 문단은 각 문장으로 분리하여 끊어내는 과정이 필요하다. 문단은 들여쓰기된 부분을 기준으로 잘라내고, 문장은 문장 끝에 사선을 그어서 분리한다.

문장 속성 찾기

두 번째 단계는 문장의 속성을 파악해서 글의 구조를 분석하는 단계다. 각 문단별 문장의 속성을 주제(주장) 문장, 근거 문장, 증명 문장으로 나눈다.

주제(주장) 문장은 ❶로, 근거 문장은 ❷로, 증명 문장은 ❸으로 각각 표시한다. 여기서 주제(주장) 문장의 의미는 글쓴이가 말하는 주제(주장)를 말한다. 근거 문장은 주제(주장)를 뒷받침하는 문장인데, 주로 '이유'나 '방법'에 해당하는 문장이다. 증명 문장은 근거를 뒷받침하는 문장으로서 사실, 의견, 사례 등 구체적인 내용으로 되어 있다.

(전략) … 보호관리자들은 자연환경의 가치를 인간의 이익을 위한 수단에서 찾기 때문에 인간의 더 큰 장기적인 이익을 위하여 자연을 보호해야 한다고 한다./❷ 이를테면, 헤츠헤치 계곡에 댐을 건설하여 인간이 이익을 누리되 잘 관리해서 장기적이고 보다 효과적으로 사용하자는 것이다./❸ 이런 점에서, 보호관리라는 말보다는 이익관리라고 해두는 편이 옳지 않을까?/ … (중략)

이러한 관점에서 볼 때 나는 평등의 개념을 국한된 인간뿐만 아니라, 지구의 미래를 포함한 모든 자연환경까지 포함해서 추구하는 뮤어의 보전정책을 지지한다./❶ 이러한 입장의 배후의 근본적인 가치는 이 세상의 모든 것들을 평등하게 보는 입장과 자연 하나하나를 소중하게 생각하는 것이라고 할 수 있겠다./❷ … (생략)

이 단계에서 글의 구조를 개요도로 작성해보면 좋다. 개요도를 통해 글의 맥락을 파악해 문장의 속성을 찾아낼 수 있기 때문이다.

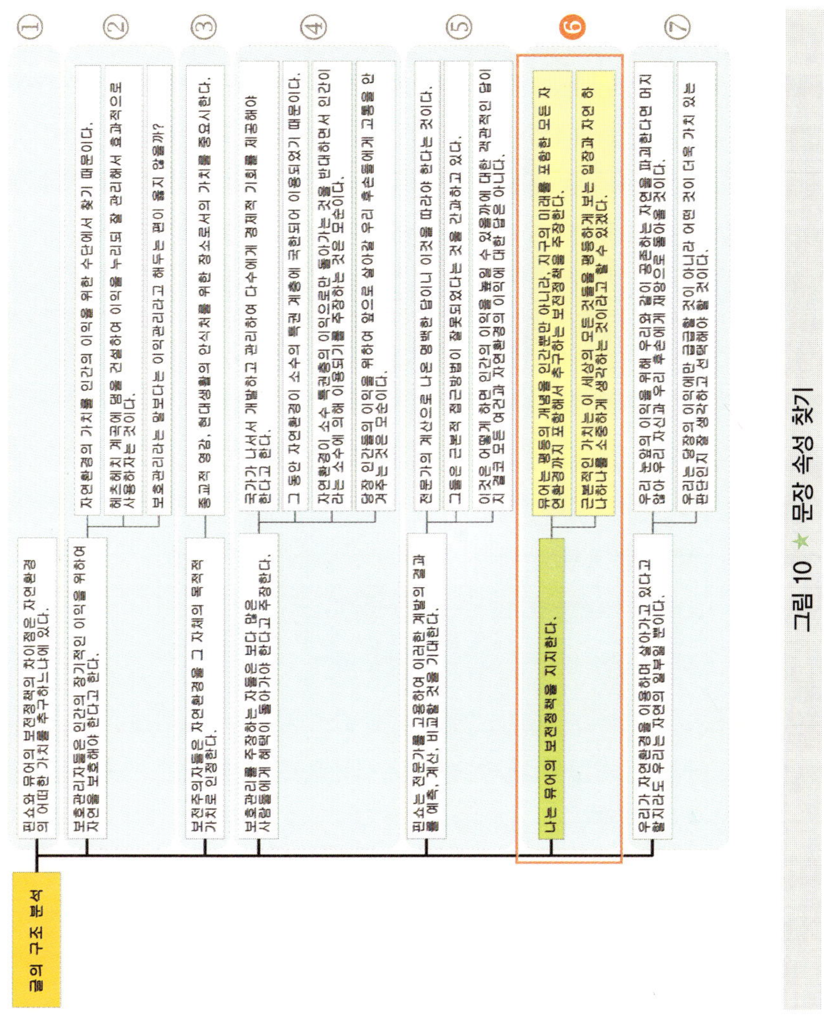

글의 개요 짜기

문장들을 주장, 근거(이유), 증명(사실 · 자료 · 의견 · 사례)으로 분류
하였다면, 이제 '힘 있게 고치기'의 세 번째 단계인 글의 개요 짜기로

들어가보자.

[그림 10]의 문장 속성 찾기의 개요도를 살펴보면 문단이 모두 7개로 구성되었는데, 불필요하게 많다. 그리고 자신의 입장, 즉 주장이 6번째 문단에 들어 있어서 글을 읽는 도중 무엇을 얘기하자는 것인지 간파해 내기 어렵다. 제 6문단의 주장을 먼저 제시하도록 하자. 1~5문단은 '핀쇼'와 '뮤어'로 대표되는 '보호관리주의'와 '보전주의'로 크게 2~3문 단으로 나눠 주장을 뒷받침하는 구조로 작성해보자.

아래의 순서에 따라 각 문장을 다시 배치하여 글의 개요를 정리한다.

서론 — ❶ 주장 전개하기
본론 — ❷ 주장에 대한 근거 제시하기
　　　 ❸ 근거 뒷받침하기
결론 — ❹ 근거를 바탕으로 주장 강조하기

서론은 주장과 주장의 배경이 되는 내용으로 정리한다. 본론의 근거 는 '왜 뮤어의 정책을 지지하는가?'에 대한 내용으로 주장을 뒷받침한 다. 증명은 세부적인 근거에 대한 설명으로 근거를 뒷받침한다. 결론의 주장 확인은 근거의 요약과 건의사항으로 마무리한다.

▌세련된 글쓰기

서론은 자신의 주장이 담긴 문장 ❶과 주장의 배경적인 내용을 중심 으로 전개한다. 즉, 주장의 배경이 설명되고 마지막에 자신의 주장을 전 개하는 미괄식 구조이다. 본론은 주장의 근거 ❷를 세 개의 문단으로 나

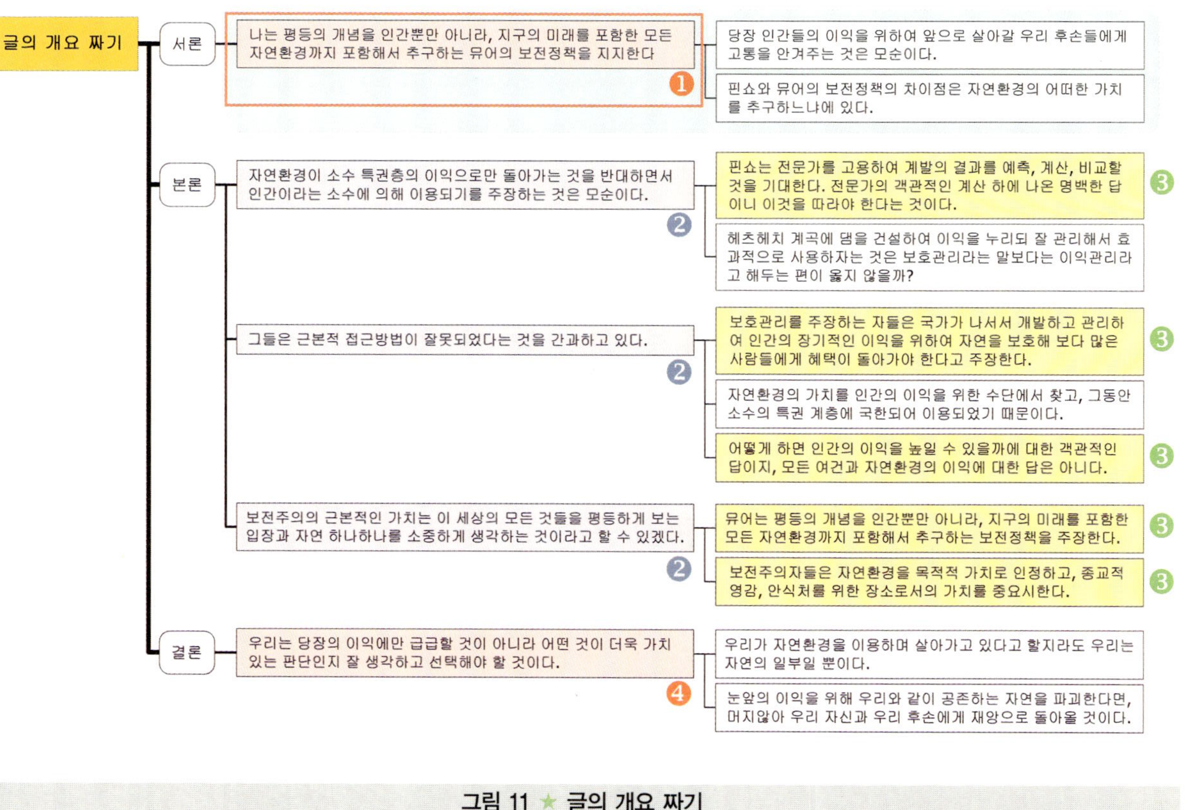

글의 개요 짜기

서론

나는 평등의 개념을 인간뿐만 아니라, 지구의 미래를 포함한 모든 자연환경까지 포함해서 추구하는 뮤어의 보전정책을 지지한다 ❶

당장 인간들의 이익을 위하여 앞으로 살아갈 우리 후손들에게 고통을 안겨주는 것은 모순이다.

핀쇼와 뮤어의 보전정책의 차이점은 자연환경의 어떠한 가치를 추구하느냐에 있다.

본론

자연환경이 소수 특권층의 이익으로만 돌아가는 것을 반대하면서 인간이라는 소수에 의해 이용되기를 주장하는 것은 모순이다. ❷

핀쇼는 전문가를 고용하여 계발의 결과를 예측, 계산, 비교할 것을 기대한다. 전문가의 객관적인 계산 하에 나온 명백한 답이니 이것을 따라야 한다는 것이다. ❸

헤츠헤치 계곡에 댐을 건설하여 이익을 누리되 잘 관리해서 효과적으로 사용하자는 것은 보호관리라는 말보다는 이익관리라고 해두는 편이 옳지 않을까?

그들은 근본적 접근방법이 잘못되었다는 것을 간과하고 있다. ❷

보호관리를 주장하는 자들은 국가가 나서서 개발하고 관리하여 인간의 장기적인 이익을 위하여 자연을 보호해 보다 많은 사람들에게 혜택이 돌아가야 한다고 주장한다. ❸

자연환경의 가치를 인간의 이익을 위한 수단에서 찾고, 그동안 소수의 특권 계층에 국한되어 이용되었기 때문이다.

어떻게 하면 인간의 이익을 높일 수 있을까에 대한 객관적인 답이지, 모든 여건과 자연환경의 이익에 대한 답은 아니다. ❸

보전주의의 근본적인 가치는 이 세상의 모든 것들을 평등하게 보는 입장과 자연 하나하나를 소중하게 생각하는 것이라고 할 수 있겠다. ❷

뮤어는 평등의 개념을 인간뿐만 아니라, 지구의 미래를 포함한 모든 자연환경까지 포함해서 추구하는 보전정책을 주장한다. ❸

보전주의자들은 자연환경을 목적적 가치로 인정하고, 종교적 영감, 안식처를 위한 장소로서의 가치를 중요시한다. ❸

결론

우리는 당장의 이익에만 급급할 것이 아니라 어떤 것이 더욱 가치 있는 판단인지 잘 생각하고 선택해야 할 것이다. ❹

우리가 자연환경을 이용하며 살아가고 있다고 할지라도 우리는 자연의 일부일 뿐이다.

눈앞의 이익을 위해 우리와 같이 공존하는 자연을 파괴한다면, 머지않아 우리 자신과 우리 후손에게 재앙으로 돌아올 것이다.

그림 11 ★ 글의 개요 짜기

뉘서 정리하되, 각 근거에 뒷받침되는 자료, 즉 증명자료 ❸을 반드시 붙이도록 한다. 결론은 본론에서 언급한 근거와 증명자료를 배경으로 문제제기 또는 대안제시를 통해 다시 한 번 주장을 언급한다. 다음의 최종 완성된 글을 참조하라.

핀쇼의 보호관리정책과 뮤어의 보전정책의 차이점은 자연환경의 어떠한 가치를 추구하느냐에 있다. 당장 인간들의 이익을 위하여 자연환경의 개발로 앞으로 살아갈 우리 후손들에게 고통을 안겨주는 핀쇼의 보호관리정책은 잘못된 것이라고 생각한다. 따라서 나는 평등의 개념을 인간뿐만 아니라, 지구의 미래를 포함한 모든 자연환경까지 포함해서 추구하는 뮤어의 보전정책을 지지한다.❶

자연환경이 소수 특권층의 이익으로만 돌아가는 것을 반대하면서 인간이라는 소수에 의해 이용되기를 주장하는 것은 모순이다.❷ 핀쇼는 전문가를 고용하여 개발의 결과를 예측, 계산, 비교할 것을 기대한다. 전문가의 객관적인 계산 하에 나온 명백한 답이니 이것을 따라야 한다는 것이다.❸

헤츠헤치 계곡에 댐을 건설하여 이익을 누리되 잘 관리해서 효과적으로 사용하자는 것은 보호관리라는 말보다는 이익관리라고 해두는 편이 옳지 않을까?

그들은 근본적 접근방법이 잘못되었다는 것을 간과하고 있다.❷ 보호관리를 주장하는 자들은 국가가 나서서 개발하고 관리하여 인간의 장기적인 이익을 위하여 자연을 보호해 보다 많은 사람들에게 혜택이 돌아가야 한다고 주장한다.❸ 자연환경의 가치를 인간의 이익을 위한 수단에서 찾고, 그 동안 자연환경이 소수의 특권 계층에 국한되어 이용되었기 때문이다. 이것은 어떻게 하면 인간의 이익을 높일 수 있을까에 대한 객관적인 답이지, 결코 모든 여건과 자연환경의 이익에 대한 답은 아니다.

보전주의의 근본적인 가치는 이 세상의 모든 것들을 평등하게 보는 입장과 자연 하나하나를 소중하게 생각하는 것이라고 할 수 있겠다.❷ 뮤어는 평등의 개념을 인간뿐만 아니라, 지구의 미래를 포함한 모든 자연환경에까지 포함해서 추구하는 보전정책을 주장한다.❸ 보전주의자들은 자연환경을 그 자체의 목적적 가치로 인정한다. 종교적 영감, 현대생활의 안식처를 위한 장소로서의 가치를 중요시하고 있다.

우리가 자연환경을 이용하며 살아가고 있다고 할지라도 우리는 자연의 일부일 뿐이다. 눈앞의 이익을 위해 우리와 같이 공존하는 자연을 파괴한다면, 머지않아 우리 자신과 우리 후손에게 재앙으로 돌아올 것이다. 우리는 당장의 이익에만 급급할 것이 아니라 어떤 것이 더욱 가치 있는 판단인지 잘 생각하고 선택해야 할 것이다.❹

▌독창적 제목 정하기

글의 개요가 완성되었으면 다음으로 자신의 주장이 담긴 독창적인 제목을 정하는 과정이 필요하다. 제목을 정할 때는 주제가 빠진 화제만을 언급해서는 안 된다. 즉, 글쓰기의 목적과 대상을 고려하지 않고 '환경개발의 문제점' 또는 '무차별 환경개발 문제 있다' 등으로 주제를 잘 드러내지 못하는 경우를 말한다. '환경개발의 문제점'은 내가 환경개발을 반대하는 근거나 증명의 영역에 해당하기 때문이다. 따라서 글을 읽는 사람이 글을 쓴 사람의 의도를 파악하기 어렵다.

먼저, 글의 주요 키워드를 찾아 개요를 정리한다. 키워드들을 전체적으로 살펴보라. 직관적으로 연결되는 단어들이 있는가? 단어들을 묶어

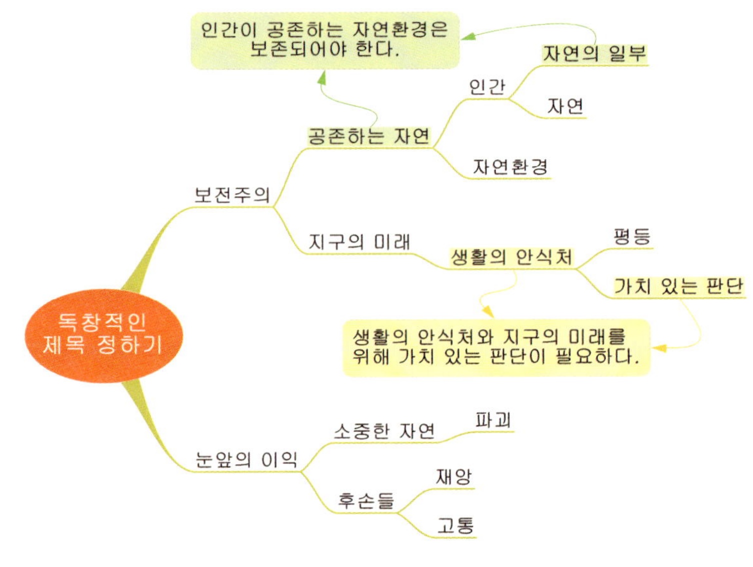

그림 12 ★ 독창적 제목 정하기

하나의 문장으로 표현해둔 후 제목을 유추해보자. '지구의 미래' '생활의 안식처' '가치 있는 판단' 으로 연결된 문장은 '생활의 안식처와 지구의 미래를 위해 가치 있는 판단이 필요하다' 로 정리될 수 있다.

제목 : 인간이 공존하는 자연환경은 보존되어야 한다.

자연환경은 인간의 공존을 위해 보호되어야 한다.

자연환경의 보전은 인류의 공존에 필수적이다.

인류는 자연환경의 보전 위에 공존한다.

가장 눈에 띄는 제목은 어떤 것인가? '인간이 공존하는 자연환경은 보존되어야 한다' 는 어떤가? 좀 더 독창적인 아이디어를 찾기 위해서는 문장을 최대한 다양하게 찾아내는 것이 좋다.

그림 13 ★ 리포트의 개요를 마인드맵 형식을 활용, 손으로 직접 그린 예시

인기녀 인기남으로 거듭나는 캠퍼스 대인관계의 기술

P . A . R . T

03

의사소통이란 자신의 생각을 남에게 전달하고 남의 생각을 이해하는 일이다. 나의 생각만 이야기하고 남의 이야기를 듣지 않는 것은 반쪽짜리 의사소통이다.

이번 학기에는 '역사 속의 여성'이라는 교양과목을 신청했다. 평소 여권 신장에 관심이 있기도 했지만, 전공이 아닌 새로운 학문을 접해 보고 싶은 마음에 신청하게 되었다. 전 학년이 다 듣는 과목이라 그런지 다양한 모습의 학생들이 눈에 띄었다.

강의가 시작되기 전 내 옆에 한 여학생이 앉았다. 어깨까지 내려오는 긴 생머리에 화려한 귀고리와 목걸이가 눈에 띄었다. 게다가 짧은 청치마에 긴 가죽 부츠를 신은 모습은 학생이라고 보기 어려웠다. '도대체 얘는 무슨 생각을 가지고 학교에 오는 거야!'라는 생각이 들자, 그 여학생이 한심해 보이기까지 했다. 그런데 교수님의 강의에 집중하며 그 내용을 열심히 필기하는 모습을 보니, 모습은 독특하지만 그 여학생 나름대로 자신의 생활에 충실하고 있다는 생각이 들었다.

그러고 보니 강의실 안의 학생들은 정말 각양각색이었다. 염색은 기본이고, 수업 내내 휴대폰을 만지작거리거나 강의실 문을 들락날락하는 학생에서부터 쉬지 않고 교수님께 질문을 해대는 학생까지 참으로 다양했다. 이런 다양한 모습의 학생들을 보니, 앞으로의 대학생활이 기대되기도 하고 한편으로는 걱정되기도 했다. 어떤 친구를 사귀고 어떻게 친구관계를 맺어야 할까? 대학만 들어오면 다 되는 줄 알았는데, 점점 대학생활이 어려워진다.

대학에 들어와서 처음 느끼는 것 중 하나가 아마도 다양한 친구들이 많다는 사실일 것이다. 고등학교 시절에는 대부분의 학생들이 대학에 들어가는 것을 목표로 하기 때문에 생각하는 바가 비슷했다. 그러나 대학은 전공에 따라 관심과 흥미가 다르고 인생 목표가 다르기 때문에 자신과 같은 생각을 하는 친구를 사귀기가 쉽지 않다.

　　대학에서의 경험은 졸업 후 나아갈 사회의 다양성을 먼저 접하는 좋은 기회이다. 대학 특유의 다양성을 인정하지 못하고 자신의 생각만 고집한다면 다양한 친구를 사귀지 못하고, 결국 대학생활이 순조롭지 않게 된다. 대학에서의 대인관계 기술은 미래의 사회생활을 위해 반드시 습득해야 하는 과제다.

● 1. 관계의 적, 고정관념 깨뜨리기

　다양한 공동체인 대학에서 더불어 사는 지혜를 배우기 위해서는, 먼저 남을 잘 이해하고 자신의 생각이나 감정을 효과적으로 전달하는 방법을 터득해야 한다. 이를 위해서는 합리적으로 사고할 수 있어야 한다. 합리적으로 사고하기 위해서는 자신의 고정관념과 편견, 남을 차별하는 사고방식을 깨뜨려야 한다.

　자신의 고정관념과 편견이 어떤지 〈표 1〉을 활용하여 점검해보자.

　'그렇다' 라고 체크한 항목을 어느 정도 확신하고 있는가? 자신의 대답에 근거가 있는지 다시 한 번 생각해보자. 참고로, 〈표 1〉의 진술은

표 1 　나의 고정관념과 편견 점검표	
진술 내용	**나의 생각**
여자는 남자에 비해 수리력이 떨어진다.	그렇다/아니다
여자가 군대에 가면 군의 사기가 저하된다.	그렇다/아니다
유대인은 머리가 다른 민족에 비해 뛰어나다.	그렇다/아니다
경상도 남자는 무뚝뚝하다.	그렇다/아니다
암탉이 울면 집안이 망한다.	그렇다/아니다
동성애자들은 심리적으로 문제가 있는 사람들이다.	그렇다/아니다
비만인 사람들은 게으르다.	그렇다/아니다
운동선수는 무식하다.	그렇다/아니다
군인은 융통성이 없다.	그렇다/아니다
공무원은 노력하지 않는다.	그렇다/아니다
튀는 복장을 하는 사람들은 심리적으로 불안정하다.	그렇다/아니다
학교 공부만으로는 취업할 수 없다.	그렇다/아니다
어학연수와 배낭여행은 필수다.	그렇다/아니다

과학적으로 검증된 내용은 아니다.

우리 사회에는 부정적인 고정관념이 만연되어 있다. 지역색이나 학벌 등으로부터 시작된 고정관념이 우리 사회를 병들게 하는 주범이다. 이러한 고정관념은 어디에서 오는 것일까? 근원이 다양하지만, 지적한 대로 지역성, 직업의식, 학벌의식이 과장된 것이다. 고정관념이 언제 어디에서 시작되었는지 잘 모르기 때문에 대부분의 사람들은 별로 의문을 품지 않는다. 이러한 점 때문에 고정관념이 자신의 가치관으로 이어지는 폐단을 가져오기도 한다.

예를 들어, '여자는 수리력이 떨어진다' 는 고정관념을 가진 수학교사가 여고에 재직 중이라면 그렇지 않은 교사보다 수업에 덜 적극적일 것이고, '여자는 수학을 못하는 것이 당연하다' 는 그릇된 가치관을 가질 수도 있다. 나아가 남자와 여자를 근본적으로 구분하는 성차별론자와 같은 사고를 할 수도 있다. 이러한 고정관념은 '성차별' 이라는 그릇된 가치관으로 형성되고 바로 편견으로 이어지게 된다. 그러나 아이러니하게도 편견에 대한 피해자는 나 자신이 된다는 점을 명심하자. 다음의 집단에 대한 나의 생각을 〈표 2〉에 적어보자.

표 2	편견 점검표
집단 분류	**고정관념과 편견**
여성 또는 남성	
비만인	
동성애자	
정치인	
군인	
운동선수	
공무원	

편견이란 과학적 근거 없이 '미리 판단하는 것' 을 의미한다. 이는 어떤 특정 사람이나 집단에 대해서 자신이 알고 있는 생각을 기반으로 전체를 판단하는 것을 말한다.

편견은 무지에 바탕을 두고 별로 알지 못하거나 단편적으로 알고 있는 사람, 또는 어떤 집단에 대해 최악을 가정하는 행위이다. 따라서 편견은 일반적으로 그 사람이나 집단에 대한 부정적인 판단이 대부분이다. 때문에 고정관념과 편견이 자신의 판단과 사고의 기준이 되어서는 안 된다. 보다 합리적으로 생각하고 많은 정보를 바탕으로 판단하는 능력을 대학생활을 통해 습득해야 한다.

또 잘못된 사고과정 중 하나가 차별이다. 차별은 편견에 바탕을 둔 행동으로 한 집단 내의 구성원에 대한 불공정한 대우를 의미한다. 차별의 방법은 다양하다. 눈길을 피하는 것에서부터 집단적으로 따돌리는, 소위 '왕따' 에 이르기까지 천차만별이다. 차별은 차별당하는 사람에게 큰 아픔을 가져다줄 뿐만 아니라, 차별하는 사람도 언젠가는 차별을 당할 수 있다는 점을 명심하자.

편견과 차별은 우리의 삶에 많은 부분을 차지하고 있다. 그러나 편견과 차별을 나의 가치 판단 기준으로 삼는다면 자신의 미래 계획은 수포로 돌아가게 된다. 앞서 언급한 대로 대학에서는 다양한 사람과 문화를 접하게 된다. 즉, 자신의 편견과 차별을 극복할 수 있는 가장 이상적인 공간이 바로 대학이다. 대학생활을 통해 남을 존중하고 다양한 문화를 수용할 수 있어야 한다.

편견과 차별을 극복하기 위해 가져야 하는 마음가짐에 대해 살펴보자.

(1) 자신에게 있는 편견이 무엇인지 파악해보자

앞서 작성한 〈표 2〉를 다시 한 번 살펴본 후 어디에서부터 이러한 편견이 생겼는지 곰곰이 생각해보자. 자신의 경험에서 생겨났는지, 남에게 이야기를 전해듣고 생겨났는지, 아니면 그 집단에 대한 이해부족으로 시작되었는지 살펴보자. 혹시 자신도 편견으로 인해 다른 사람으로부터 차별을 받고 있지는 않은지 돌이켜보자. 편견은 충분한 객관적인 정보 없이 '미리 판단하는 잘못된 사고과정' 이라는 것을 명심하자.

(2) 편견에 사로잡힌 사람을 멀리하자

남을 항상 비하하는 습관을 가진 사람들이 주변에 있다면 그 집단에 속하지 말아야 한다. 또한 그런 사람들 앞에서는 당당히 자신의 의견을 말하는 것이 좋다. 대학생활을 통해 다양한 친구를 사귀어야 하지만 자신의 삶의 계획에 방해가 되는 사람에게 시간을 할애할 필요는 없다.

(3) 다른 사람의 장점을 배우는 데 주력하자

많은 사람들과 한 주제에 대해 토론하는 것을 즐기고, 궁금한 내용이 있으면 그 분야의 전문가에게 물어보자. 특히, 대학에는 한 분야에 최고의 지식을 가진 교수들이 일 년 내내 상주하고 있다. 교수와 같은 전문가와 가깝게 지내는 것이 편견을 없애는 지름길이다.

(4) 다양한 행사에 적극적으로 참여하자

편견에 가득 찬 사람들의 특징 중 하나는 처음 보는 사람을 미워하거나 비하한다. 그것은 바로 상대에 대해 아는 것이 없어서 대인관계를 맺을 수 없기 때문이다. 편견은 많은 사람을 만나고 상대에 대해 충분한 정보를 가지고 있을 때 사라진다. 그 기회가 바로 학교 행사다. 관심 분야가 같은 친구들이 모이기 때문에 쉽게 어울리고 함께 정보를 공유할 수 있다.

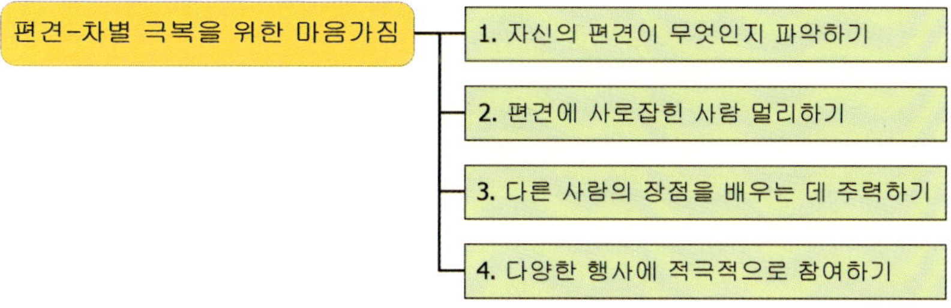

그림 1 ★ 편견/차별 극복의 마음가짐 요약

문제의 배경 이해하기

다음은 대학생활을 하면서 자주 고민하게 되는 상황이다. 두 사람의 문제상황을 이해하고 서로의 관계가 발전적으로 진행되어가는 과정을 살펴보자.

교양과목을 들으면서 알게 된 형욱이와 최근 사이가 나빠졌다. 형욱이에게는 한 마디 말도 없이 다른 친구들과 야구장에 간 일 때문이었다. 나는 형욱이가 소극적이고 조금 뚱뚱한 편이어서 야구와 같은 활동적인 스포츠를 좋아하지 않을 것이라고 생각했다. 그래서 형욱이에게는 물어보지도 않고 다른 친구들과 갔었는데, 형욱이도 야구를 좋아했던 것이다. 그동안 형욱이를 많이 알고 있다고 생각했는데 아직 모르는 것이 많은 것 같다. 좀 더 형욱이를 이해할 수 있는 방법이 없을까?

나는 한참을 고민한 끝에 형욱이에게 한 가지 제안을 했다. 이번 기회에 서로에 대해 좀 더 깊이 이해하는 시간을 갖자는 것이었다. 방법은 각자 자신의 성향을 마인드맵으로 작성하여 얘기를 나누기로 했다. 토론의 범위를 줄이기 위해서 분류기준을 활동, 내면, 취미 세 가지로 정했다.

█ 개별 성향 분석하기

오찬란과 강형욱이 그려나가는 성향 분석 맵을 살펴보자. 먼저, 오찬란이 자신의 태도와 활동성향을 점검하고 있다. '나의 성향은?'을 중심에 두고 맵을 그려나간다([그림 3] 참조).

대분류를 '활동' '내면' '취미'로 정하고 세분화시켜 나간다. '내면'의 가지를 전개할 때 내가 갖고 있는 '성격'과 '편견'으로 분류하여 좀 더 세분화하여 전개한다.

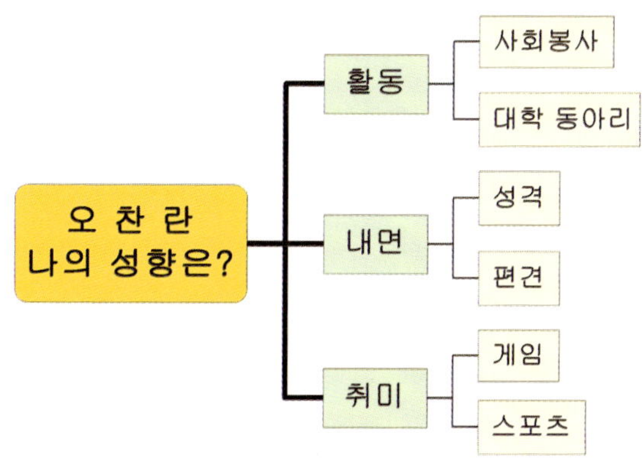

그림 2 ★ 성향 분석 – ①

편견과 같은 자신의 단점을 작성할 때는 솔직하게 자신을 드러내는 것이 중요하다. 예를 들어, '뚱뚱한 사람들은 활동적인 것을 좋아하지 않는다' '경상도 남자는 무뚝뚝하다'와 같이 진솔되게 적는다.

편견을 제외한 가지들은 장점과 긍정적인 면을 많이 표현하도록 노력한다. 이제 형욱이가 작성한 맵을 살펴보자.

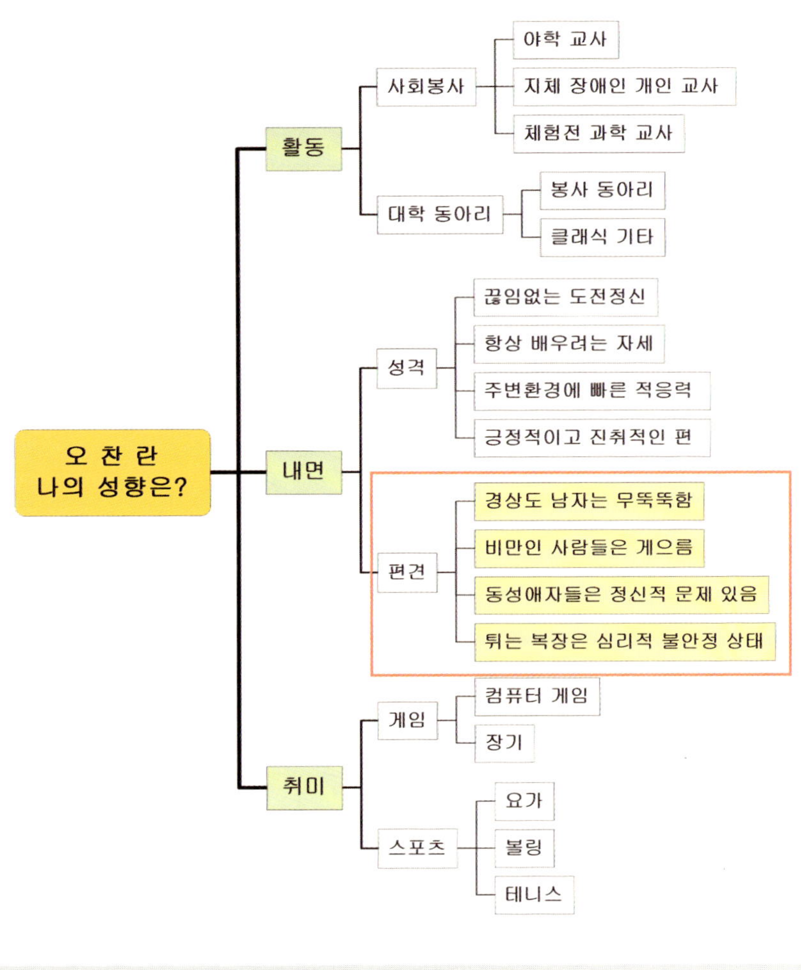

그림 3 ★ 성향 분석 - ②

강형욱은 '내면'을 장점과 단점으로 분류하고 있다. 자신의 단점도 솔직한 표현으로 작성하고 있다([그림 4] 참조).

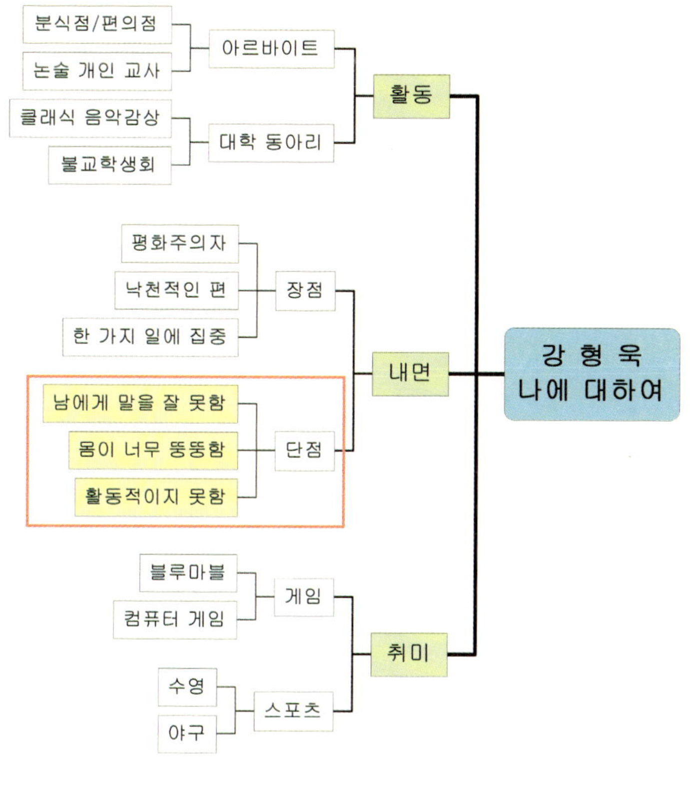

그림 4 ★ 성향 분석 – ③

성향 비교하기

이제 두 사람이 작성한 성향 맵을 비교·분석해보자.

성향 대조 맵을 통해 오찬란의 편견과 강형욱의 단점이 너무나 닮아 있다는 것을 알 수 있다. '소극적인 사람은 활동적인 것을 좋아하지 않는다' '뚱뚱한 사람은 스포츠를 좋아하지 않는다' 와 같은 편견으로 상대방을 대했기 때문에 이러한 문제가 발생한 것이다. 어떻게 해야 상대방에 대해 좀 더 바르게 이해하고 관계를 개선할 수 있을까?

강점 약점에 대하여
활동
아르바이트
복사점/편의점
논술 개인 교사
대학 동아리
클래식 음악 감상
불교학생회
내면
장점
평화주의자
낙천적인 편
한 가지 일에 집중
단점
남에게 말을 잘 못함
몸이 너무 뚱뚱함
활동적이지 못함
취미
게임
블루마블
컴퓨터 게임
스포츠
수영
야구
오늘 본 나의 성향은?
활동
사회봉사
야학 교사
지체 장애인 개인 교사
체험전 과학 교사
대학 동아리
봉사 동아리
클래식 기타
내면
성격
굽임없는 도전정신
항상 배우려는 자세
주변환경에 빠른 적응력
긍정적이고 진취적인 편
편견
정상도 남자는 무뚝뚝함
비만인 사람들은 게으름
동성애자들은 정신적 문제 있음
뛰는 복장은 심리적 불안정 상태
취미
게임
컴퓨터 게임
장기
스포츠
요가
볼링
테니스

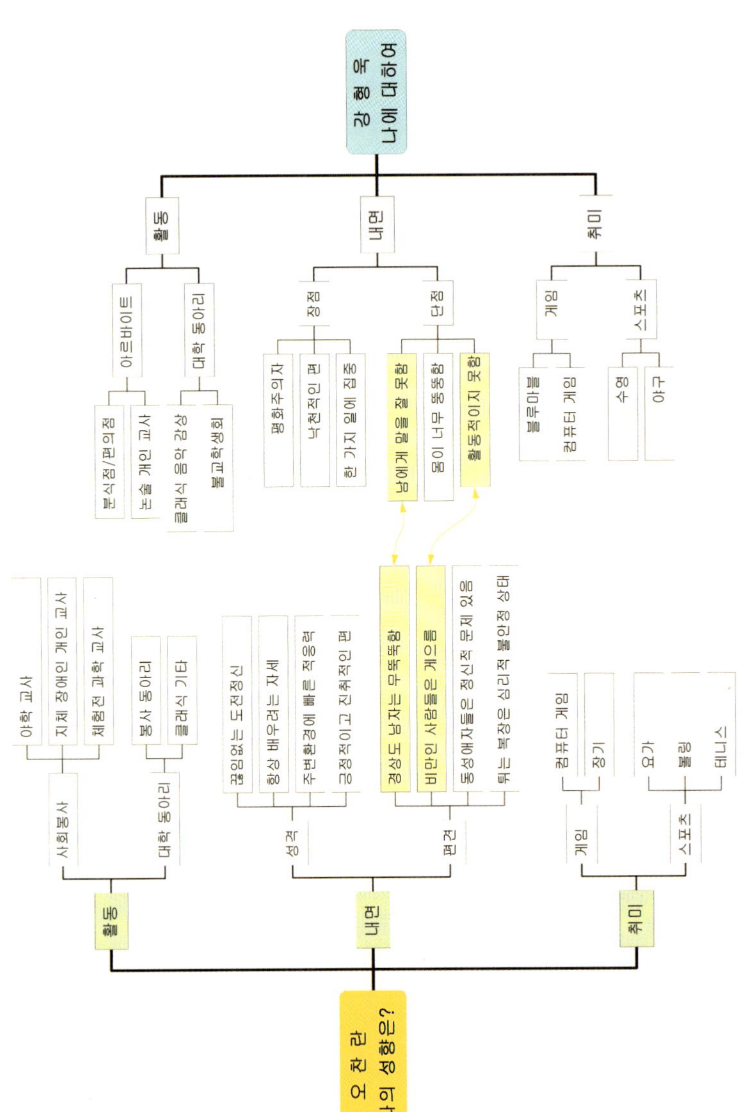

그림 5 ★ 성향 대조 맵 - ①

나에게 강점에 대하여
활동
내면
취미
아르바이트
대학 동아리
분식점/편의점
논술 개인 교사
클래식 음악 감상
불교학생회
장점
단점
평화주의자
낙천적인 편
한 가지 일에 집중
남에게 말을 잘 못함
몸이 너무 뚱뚱함
활동적이지 못함
게임
스포츠
블루마블
컴퓨터 게임
수영
볼링
야구
과학 교사
지체 장애인 개인 교사
재형진 과목 교사
봉사 동아리
클래식 기타
사회봉사
대학 동아리
꿈임없는 도전정신
항상 배우려는 자세
주변 환경에 빠르는 적응력
긍정적이고 진취적인 편
경상도 남자는 무뚝뚝함
비만인 사람들은 게으름
동성애자들은 정신적 문제 있음
튀는 복장은 심리적 불안정 상태
성격
편견
컴퓨터 게임
장기
볼링
요가
테니스
야구
게임
스포츠
활동
내면
취미
나의 성향은 어떠한가?

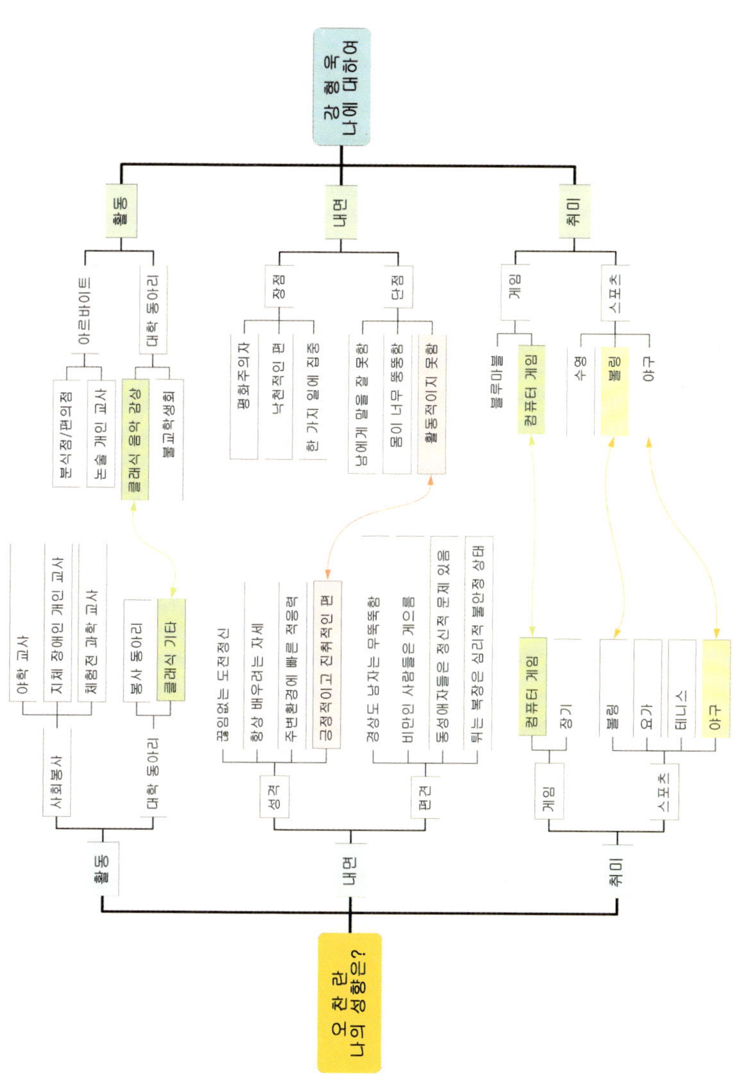

그림 6 ★ 성향 대조 맵 - ②

영향 관계 찾기

이제 두 사람의 관계를 긍정적으로 바꾸는 과정을 살펴보기로 하자. 두 사람은 서로 많은 장점을 가지고 있다. 이런 장점들 중에서 내가 상대편에게 긍정적인 역할을 할 수 있는 것은 무엇인가? 또 상대편으로부터 좋은 영향을 받을 수 있는 것은 무엇인지 살펴보자.

먼저, 서로가 가진 공통점을 찾아보자. 오찬란은 '클래식 기타' 동아리에 소속되어 있고, 강형욱은 '클래식 음악 감상' 동아리에 소속되어 있다. 두 사람은 클래식에 대한 정보를 교류할 수 있고, 동아리의 공동 행사 등을 통해 더욱 친분을 쌓아나갈 수 있다. 또 '컴퓨터 게임'을 통해 친분을 쌓아갈 수도 있다.

이제 오찬란이 강형욱에게 좋은 영향을 줄 수 있는 것이 무엇인지 살펴보자. 오찬란의 긍정적이고 진취적인 성향은 강형욱의 비활동적인 면을 개선시킬 수 있다. 예를 들어, 교내·외의 다양한 활동 정보를 공유하고 직접 활동으로 유도해 나갈 수 있다.

마지막으로, 서로의 취미에 대해 관심을 가져보자. 스포츠 취미에서 오찬란은 강형욱이 좋아하는 야구에 좀 더 관심을 갖고, 야구 구경도 자주 동행한다. 또 강형욱은 오찬란의 취미인 볼링을 배우기 위해 노력하는 것은 어떨까?

이해하고 화합하기

이제 두 사람은 해결의 실마리를 찾았다. 서로를 이해하기 위해 좀 더 노력하다 보면 평소 보이지 않았던 장점들을 발견할 수 있다. 단점을 비판만 할 것이 아니라, 단점을 장점으로 보완할 수 있다면 서로의 편견과 차별은 눈 녹듯이 사라질 것이다.

자기 주변의 친구와 성향 맵 그리기 활용을 통해 자신의 편견과 차별을 없애보도록 하자.

편견과 차별을 극복할 준비가 되었다면 다음 단계로 좋은 대인관계를 맺기 위한 의사소통 기술에는 어떤 것이 있는지 알아보자.

3. 효과적인 의사소통의 기술

효과적인 의사소통 기술의 습득은 대학생활뿐만 아니라 인생 전체에서 매우 중요한 요소다. 의사소통이란 자신의 생각을 남에게 전달하고 남의 생각을 이해하는 일이다. 나의 생각만 이야기하고 남의 이야기를 듣지 않는 것은 반쪽짜리 의사소통이다. 정서적인 공감이 없는 의사소통 또한 반쪽짜리다. 의사소통의 가장 기본적인 기술은 잘 듣고 잘 말하기다.

자신의 의사소통 기술을 다음의 〈표 3〉을 통해 알아보자.

표 3　　**의사소통 기술 점검표**

의사소통에 대한 나의 태도	정도		
나는 남과 이야기하기를 좋아한다.	그렇다	보통이다	아니다
나는 상대방에게 좋은 인상을 심어준다.	그렇다	보통이다	아니다
나는 상대방이 말하는 내용의 요지를 쉽게 파악한다.	그렇다	보통이다	아니다
나는 상대방의 얼굴 표정이나 자세 등을 보고 무슨 생각을 하는지 파악할 수 있다.	그렇다	보통이다	아니다
나는 남과 이야기할 때 눈을 자주 마주친다.	그렇다	보통이다	아니다
나는 상대방의 말을 끝까지 들어준다.	그렇다	보통이다	아니다
나는 나보다 손윗사람들과 대화할 때 예의를 갖춘다.	그렇다	보통이다	아니다
나는 처음 만나는 사람에게 친절하게 자신을 소개한다.	그렇다	보통이다	아니다
나는 수업시간에 질문할 때 예의를 갖추어 정확하게 질문한다.	그렇다	보통이다	아니다
나는 사람이 많은 공공장소에서는 목소리를 낮추어 대화한다.	그렇다	보통이다	아니다
나는 남이 이야기할 때 끼어들지 않는다.	그렇다	보통이다	아니다
나는 상대방과 논쟁할 때 화를 내지 않는다.	그렇다	보통이다	아니다
나는 나의 생각을 논리정연하게 말할 수 있다.	그렇다	보통이다	아니다
나는 대화를 통해 상대방을 설득할 수 있다.	그렇다	보통이다	아니다
나는 나와 다른 의견을 가진 사람을 수용할 수 있다.	그렇다	보통이다	아니다

앞의 항목들은 긍정적이고 성공적인 의사소통 기술에 대한 것이다. '그렇다'라는 항목이 많이 나온 사람은 효과적인 의사소통 기술을 가졌다고 볼 수 있다. 이 항목들을 잘 살펴보면 '잘 듣는 기술'과 '잘 말하는 기술'이 핵심이다.

자, 이제 효과적으로 의사소통할 수 있는 방법을 알아보자.

의사소통 전략

효과적인 의사소통의 필수조건은 상대방의 의중을 정확히 파악하는 것, 즉 상대방을 이해하는 것이다. 상대방을 이해하기 위해서는 무엇보다 상대의 말을 경청하는 것이 중요하다. 다시 말해, 상대방의 의견을 존중하고 적극적으로 이해하려는 태도를 가지고 대화에 임해야 한다. 많은 사람들은 대화할 때 건성으로 듣는 경향이 있다. 30분을 넘게 이야기해도 상대방이 어떤 의도를 가지고 이야기하는지 모르는 경우가 허다하다.

상대방의 말을 효과적으로 경청할 수 있는 방법은 다음과 같다.

첫째, 가장 좋은 듣기 방법은 감정을 이입하여 공감적으로 이해하여 듣는 것이다. 상대방의 말에 그저 답하기 위해서 듣는 것이 아니라, 상대방의 말을 진심으로 이해하고 받아들여야 한다. 즉, 귀로만 듣는 것이 아니라 마음으로 듣는 것이다. 상대방에게 "나는 당신의 말을 진심으로 이해하고 있어요"라는 감정이 그대로 전해져야 한다. 이를 상담 분야에서는 공감적 이해의 기술이라고 말한다. 실제 일상적인 생활에서는 잘 일어나지 않지만 의사소통 기술의 함양을 위해서는 꼭 필요한 개념이다.

둘째, 촉진적으로 의사소통하는 방법이다. 상대방의 이야기 속에 담긴 감정을 파악하여 상대방이 미처 언급하지 않은 부분까지 공감해주는 것이다. 예를 들어, 다음과 같이 친구가 하소연하는 경우를 가정해보자.

"영애야, 요즘 졸업이 얼마 남지 않아서 그런지 잠을 제대로 못 자겠어. 자격증 하나 없이 취직하려고 하니까 자신도 없고. 또 요즘 취직하기가 좀 어렵니. 대학원에 진학하려고 해도 원하는 대학원은 실력이 안 될 것 같고. 휴~ 요즘은 정말 의욕도 없고 부모님 눈치만 보여. 어쩜 좋지?"

만약 친구가 이와 같은 하소연을 한다면, 당신은 어떻게 의사소통할 것인가?

① 야, 그냥 좋은 사람 만나서 결혼이나 해라!
② 취직을 부탁할 사람이 없니?
③ 취직문제도 그렇고 대학원 적성도 그렇고 걱정이 많겠다.
④ 그래, 취직과 진학문제로 걱정이 많겠구나. 어떻게 하면 좋을지 우리 함께 생각해보자.

만약 ④번과 같은 자세로 대화를 나눈다면 효과적인 의사소통 기술을 가진 것이다. 위의 상황은 취직이나 대학원 진학을 부탁하러 온 것이 아니라 자신의 속마음을 하소연하기 위해서 온 것이다. 즉, 대화를 통해 상대방이 기대하는 것이 무엇인가를 미리 파악하는 기술이 촉진적 의사소통 기술이다.

▌언어적으로 소통하는 기술

대화는 언어적 표현을 통해 자신의 생각을 전달하는 것이다. 이때 언어는 정보를 담고 있다. 그렇지만 같은 단어를 가지고 표현을 하더라도 언제, 누구에게, 어떻게 사용하는가에 따라 각기 다르게 받아들인다. 어떤 사람은 상대방에게 말할 기회도 주지 않은 채 자신의 말만 하고는 대화를 중단하는가 하면, 어떤 사람은 별로 말하지 않았는데도 상대방을 설득하고 마음을 움직이는 능력을 가지고 있다.

언어적 의사소통의 몇 가지 전략을 살펴보자.

첫째, 너무 큰소리로 말하지 말자. '목소리 큰 사람이 이긴다' 라는 속설이 있긴 하지만 대화에서는 통하지 않는 말이다. 소리를 지른다고 자신의 주장이 관철되는 것은 아니다. 대부분의 사람들은 목소리 큰 사람을 무식하거나 자신의 생각에 자신이 없는 사람으로 간주한다.

둘째, 상대방의 말을 중간에 끊지 말자. 상대방이 말을 마치고 난 후에 자신의 생각을 이야기해야 상대방도 나의 이야기에 귀를 기울인다.

셋째, 명령하는 말투보다 이해를 구하는 말투가 상대방의 마음과 행동을 움직인다. 예를 들어, "야, TV 꺼, 나 공부하는 거 안 보여?" 보다는 "내가 공부를 해야 하는데 TV 소리를 조금 줄여줄 수 없을까?" 라는 표현이 더 효과적이다.

넷째, 다른 사람들의 견해를 중심으로 이야기하지 말고 나의 의견을 중심으로 대화를 이끌어가도록 하자. "나는 ～"으로 시작하는 문장을 자주 사용하도록 하는 것이 효과적이다. "나는 네가 이야기한 것에 대해 ～하게 생각해" "내 생각은 ～해" 등으로 표현하는 것을 습관화하도록 하자.

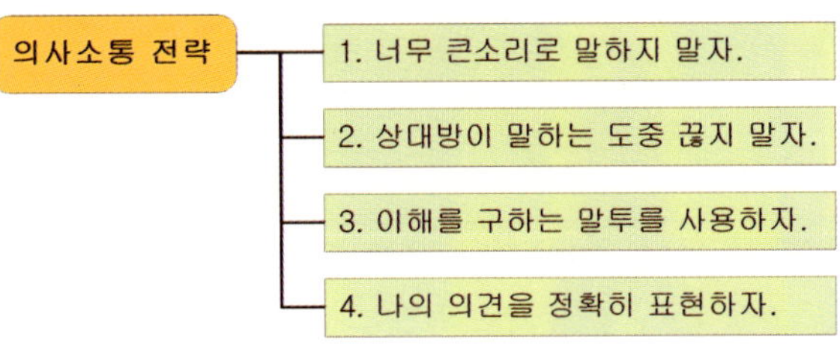

그림 7 ★ 의사소통 전략 요약

비언어적으로 소통하는 기술

사람의 마음을 움직이는 의사소통에는 비언어적인 표현이 상당부분 차지한다. 언어적 표현이 조금 어눌하더라도 온화한 표정이나 적극적인 제스처를 통해 상대방의 마음을 움직일 수 있다. 반면, 싸늘한 표정을 하고 있거나 팔짱을 끼고 있는 사람은 아무리 말을 잘해도 마음이 가지 않는다. 얼굴 표정이나 제스처, 자세 등과 같은 비언어적인 표현의 대부분은 본능적이고 일반적인 측면이 강하기 때문에 쉽게 배울 수 있다. 긍정적인 비언어적 표현에 대해 살펴보자.

(1) 눈길을 자주 마주치자

대화하는 내내 상대의 눈을 마주치려고 하면 부담을 느낄 것이다. 눈에 너무 힘을 주어도 위압감을 느끼게 된다. 그보다는 온화한 표정으로 고개를 끄덕이며 눈길을 약 10여 초 간격으로 마주쳐보자. 만약 상대방이 눈길을 피하거나 대화하는 동안 다른 곳을 응시하고 있다면, 대화 내용에 관심이 없거나 감정이 상한 경우일 수 있다. 이럴 땐 상대방이 관심 있는 주제로 대화 내용을 바꾸는 것이 좋다.

(2) 불필요한 제스처를 쓰지 않도록 하자

책상을 두드리거나 다리를 떨면 상대방에게 불안감을 주게 된다. 또한 과도한 손동작이나 섯다 앉았다를 반복하면서 대화를 하게 되면 상대방에게 혼란을 주게 된다. 대화 내용과 관련된 제스처, 예를 들면 고개를 끄덕이거나 미소를 짓는 등의 온화한 제스처와 함께 대화를 이끌어나가도록 하자.

(3) 바른 자세로 대화하자

팔짱을 끼거나 다리를 꼬고 앉아서 대화를 하게 되면 상대방은 자신의 이야기를 귀담아 듣지 않는다고 생각한다. 턱이나 귀를 만지작거리는 행동도 상대방의 이야기를 의심하면서 듣고 있다는 메시지로 비칠 수 있다. 또한 의자 뒤로 몸을 너무 빼거나 옆을 보고 대화를 하면 상대방과의 대화에 별 관심이 없다는 인상을 주게 된다. 몸을 약간 앞으로 기울이고 온화한 표정으로 대화를 하도록 하자.

(4) 대화 도중 다른 행동을 하지 말자

책이나 텔레비전 등을 보면서 대화를 하게 되면 상대방은 자신을 무시하고 있다는 느낌을 갖게 된다. 상대방이 "나는 당신의 말에 흥미가 있고 잘 듣고 있어요!"라는 느낌을 받을 수 있도록 대화에 적극적으로 참여하자.

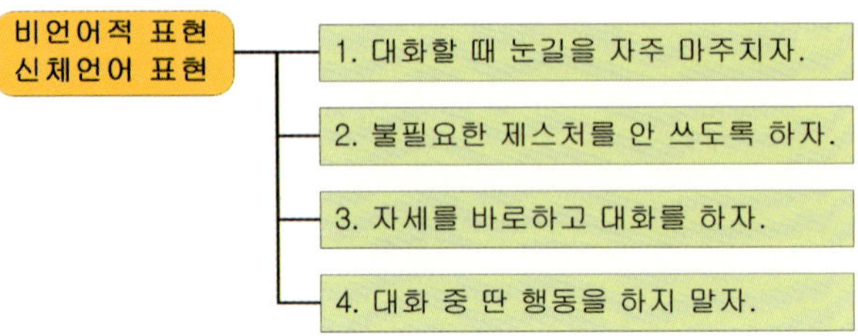

그림 8 ★ 비언어적 표현 방법

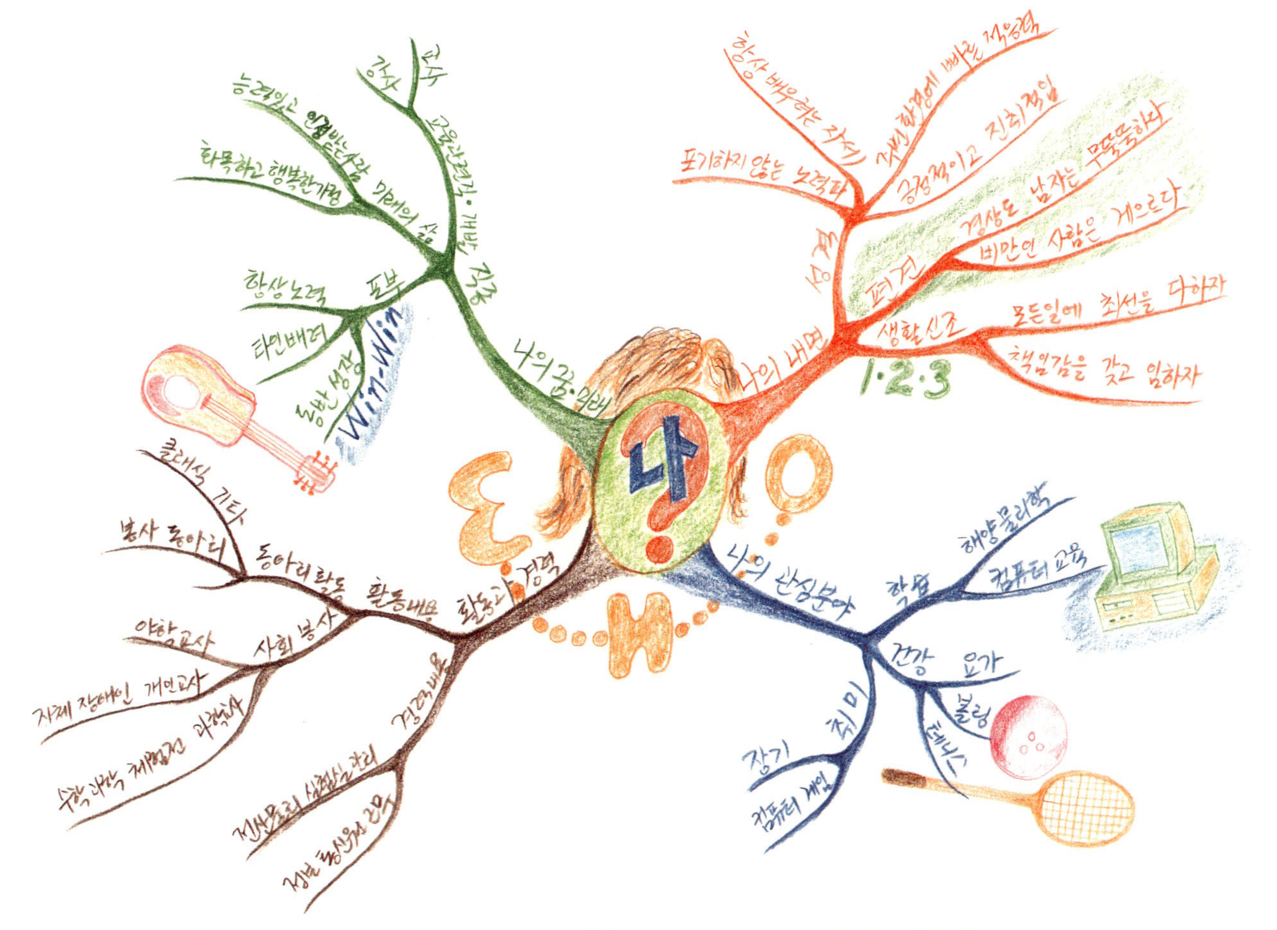

그림 9 ★ 자신의 성향을 마인드맵 형식을 활용, 손으로 직접 그린 예시입니다.

식생활과 운동으로 해결하는 스트레스와 건강 관리의 기술

P.A.R.T

04

'건강은 젊었을 때 지켜야 한다' 는 말은 진리이다. 건강한 식생활은 활기찬 대학생활의 원동력이 된다. 소홀히 생각하지 말고 적극적인 계획을 세워 실천하도록 하자.

내일은 발표 수업이 두 개나 있다. 역할극과 ADHD에 대한 내용을 설명하는 것이다. 역할극은 조원들과 함께 연습을 해야 하기 때문에 10시가 넘어서까지 계속되었다. 바쁘다고 나오지 않은 친구도 있었지만, 나는 대사가 가장 많기 때문에 빠질 수가 없었다.

역할극 연습을 하면서도 머릿속으로는 ADHD에 대한 걱정이 가득했다. 11시쯤 역할극 연습을 마치고 집으로 돌아왔다. 아직 대사를 다 외우지 못해 좀 더 연습을 하고 나니 시계는 벌써 12시를 가리키고 있다. 이제 ADHD에 대한 발표를 준비해야 하는데, 시간은 많이 흘렀고 아직 역할극 대사도 다 못 외웠다. 더군다나 내일 아침 8시에 역할극 조원이 모여 마지막으로 점검을 하기로 했다. 아~ 정말 스트레스다. 이 상황이 빨리 지나갔으면 좋겠다.

간신히 정신을 차리고 ADHD 발표 준비를 하는데 전혀 머릿속에 들어오지 않는다. 스트레스가 쌓이니 식욕이 솟구쳤다. 나는 초콜릿과 과자를 잔뜩 먹고 기분도 풀 겸 잠시 TV를 보았다. 하지만 잠시 뒤 눈을 떠보니 시계는 6시를 가리키고 있었다. 대사도 다 외우지 못하고 아직 발표 준비도 하지 못했는데, 정말 큰일이다. 이럴 땐 어떻게 해야 할까? 아~ 정말 스트레스가 쌓인다.

1. 스트레스로부터 탈출하기

대학생활은 삶에 있어 새로운 도전을 요구하는 중요한 시기다. 새로운 학문 분야를 공부하고, 자신의 인생 목표를 세우고 추진하는 등 자신이 스스로 계획하고 해결해야 하는 순간의 연속이다. 게다가 중간고사,

기말고사, 리포트 등이 스트레스 대열에 가세한다. 모든 일을 혼자 실천하기 위해서는 엄청난 에너지가 요구된다. 스스로 해결하지 못할 때 감

표 1	스트레스 자가 진단표					
번호	스트레스 상태 문항	전혀 그렇지 않다	약간 그렇다	웬만큼 그렇다	상당히 그렇다	아주 그렇다
1	집중이 안 된다.	0	1	2	3	4
2	안절부절못한다.	0	1	2	3	4
3	소화가 잘 안 된다.	0	1	2	3	4
4	답답하다.	0	1	2	3	4
5	배가 아픈 적이 있다.	0	1	2	3	4
6	만사가 귀찮다.	0	1	2	3	4
7	잡념이 생긴다.	0	1	2	3	4
8	쉽게 피로를 느낀다.	0	1	2	3	4
9	온몸에 힘이 빠진다.	0	1	2	3	4
10	누군가를 때리고 싶다.	0	1	2	3	4
11	울고 싶다.	0	1	2	3	4
12	신경이 날카로워졌다.	0	1	2	3	4
13	멍한 상태로 있다.	0	1	2	3	4
14	한 가지 생각에서 헤어나지 못한다.	0	1	2	3	4
15	두렵다.	0	1	2	3	4
16	행동이 거칠어져 난폭운전, 욕설, 몸싸움 등을 한다.	0	1	2	3	4
17	머리가 무겁거나 아프다.	0	1	2	3	4
18	가슴이 두근거린다.	0	1	2	3	4
19	얼굴 표정이 굳어져 있다.	0	1	2	3	4
20	나는 아주 쓸모없는 사람이라는 생각이 든다.	0	1	2	3	4
	각 항목별 점수의 합 = ________ 점					

출처 : 고경봉, 『세상의 온갖 스트레스로부터 나를 지키는 법』(한언, 1999).

당해야 하는 스트레스 또한 만만치 않다. 그야말로 스트레스는 삶의 일부이다.

〈표 1〉의 스트레스 자가 진단표를 통해 지난 일주일 동안 자신이 겪은 정도를 체크해보자. 지난 일주일이 평범하지 않았다면 일상적인 일주일의 생활을 떠올리며 체크해보자.

이 점검표에서 점수가 높을수록 스트레스를 많이 받고 있는 것이다. 자신의 스트레스 반응 지각 총점을 다음의 연령별, 성별, 결혼 여부에 따른 평균점수와 비교해보라.

연령	평균	결혼 여부	평균	성별	평균
18~29	17.5	기혼	14.0	남	13.3
30~44	14.9	미혼	22.9	여	17.7

일반적으로 스트레스를 약하게 느끼는 정상인의 경우, 평균점수가 15.5이다. 자신의 점수가 15.5 이상이 나왔다면 보다 적극적으로 스트레스를 관리해야 한다. 또한 평균점수가 27.0이 넘으면 불안장애가 있는 경우고, 평균이 38.4이상이면 우울장애가 있는 경우다. 두 경우 전문가의 도움을 반드시 받아야 한다. 각 대학에 마련되어 있는 상담실이나 전문가의 도움을 요청하도록 하자.

스트레스를 느끼는 정도는 개인마다 다르다. 어떤 사람들은 스트레스가 매우 심한 상태에서도 스트레스를 잘 느끼지 않는 반면에, 사소한 일에도 심하게 스트레스를 느끼는 사람들도 있다. 일반적으로 스트레스는 다음의 공통점을 가지고 있다.

첫째, 스트레스는 정도의 차이가 있지만 심리적이고 신체적인 반응이 동시에 일어난다. 예를 들어, 써내야 할 리포트가 과도하게 많거나 시험을 잘 못 봤을 경우 심리적인 불편함이 소화불량이나 두통을 일으킨다. 심리적인 스트레스와 신체적인 스트레스는 중복되는 경향이 있으며 대부분 상호작용을 한다.

둘째, 스트레스에 대한 대처방안은 개인마다 차이가 있다. 어떤 사람은 노래방에 가서 실컷 소리를 지르기도 하고, 어떤 사람은 조용한 곳에 가서 스트레스의 원인을 분석하며 논리적으로 대처하기도 한다. 이러한 스트레스 대처방안은 학습된 결과다. 즉, 이전의 유사한 스트레스 상황에서 해결했던 방식대로 해결 방법을 시도하려는 것이다.

셋째, 스트레스는 해결하지 않으면 누적된다. 보기 싫은 사람을 매일 봐야 하는 상황이 계속될 경우, 그 사람과의 관계를 해결하지 않으면 심리적 압박감이 누적되어 정서적 불안상태로까지 이어질 수 있다. 이렇게 스트레스가 누적되면 어느 순간 자신도 감당하기 힘든 지경에까지 이를 수 있다.

넷째, 스트레스를 잘 받는 사람은 스스로 스트레스를 만들어내는 경향이 있다. 좋은 성적을 받기 위해서 무리하게 공부 계획을 세우거나 자격증을 따기 위해서 하루종일 독서실에서 공부하는 등 스스로 세운 목표를 달성하기 위한 과정 자체가 자신에게 스트레스를 주는 상황으로 변한다. 이러한 경우, 계획한 목표가 달성되면 성취감으로 보상을 받지만 그렇지 않을 경우 스트레스가 상당기간 지속된다. 자신에 대한 비현실적인 기대감이 큰 사람일수록 스트레스를 더 많이 받는 경향이 있다.

사람들은 흔히 학교나 직장생활에서의 압박감, 친구들이나 주변 사람들과의 갈등, 신체적 질환, 주변의 열악한 환경 등이 스트레스라고 한다. 그러나 이러한 상황은 스트레스를 일으키는 유발인자이고, 스트레스란 엄밀한 의미에서 유발인자에 의한 실제적인 심리적 그리고 신체적 반응을 의미한다.

스트레스 유발인자라고 불리는 스트레스의 원인은 크게 외적 원인과 내적 원인으로 나누어진다. 개인이 느끼는 스트레스의 정도는 대부분 자신의 내적 원인으로부터 발생된다. 스트레스의 원인을 살펴보면 〈표 2〉와 같다.

표 2	스트레스의 원인
외적 원인	내적 원인
• **물리적 환경** : 열악한 강의실 환경, 소음, 더위 또는 추위, 비좁은 공간 등	• **생활 양식** : 밤과 낮이 바뀐 생활 패턴, 과중한 스케줄, 충분하지 못한 수면, 과다한 음식 섭취 등
• **사회적 관계** : 지도교수와의 불편한 관계, 동아리 친구와의 갈등, 가족구성원 간의 갈등, 친구와의 불편한 관계, 선배의 무조건적인 요구, 주변사람의 무례함 등	• **부정적인 자아 개념** : 자기 비하적인 생각, 비관적인 생각, 능력이 없다는 무력감 등
• **속한 조직 관계** : 학교의 규정과 규칙, 형식, 절차 등	• **사고방식** : 비현실적인 기대, 요행을 바라는 마음, 독선적인 소유욕, 노력 없이 가지려는 마음, 과장된 사고 등
• **일상생활에서의 큰 사건** : 저조한 시험 성적, 학사경고, 친족의 죽음, 친한 친구와의 헤어짐 등	• **개인의 성격** : 완벽을 추구하는 강박적 성격, 자신의 잘못을 인정하지 않는 성격, 일 중독 등
• **일상의 복잡한 일** : 등교 시 복잡한 지하철, 리포트 제출 마감일, 빠듯한 학사 일정 등	

스트레스를 받게 되면 다음과 같은 증상이 나타나게 된다.

표 3	스트레스로 인한 증상
영 역	증 상
신 체	피로감, 불면증, 두통, 근육통, 흉부통증, 구토, 급체, 땀, 얼굴이 붉어짐 등
행 동	안절부절못함, 신경질, 폭식, 울기, 욕설하기, 비난, 난폭한 행동 등
정 신	집중력 감소, 기억력 감소, 공허한 마음, 혼동감 등
감 정	불안, 분노, 좌절감, 근심, 걱정, 우울감 등

<table>
<tr><td>표 4</td><td colspan="4">스트레스 상황 점검표</td></tr>
<tr><td colspan="2">스트레스를 주는 상황</td><td>스트레스의 원인</td><td>나타났던 반응</td><td>대처했던 방법</td></tr>
<tr><td colspan="5"></td></tr>
<tr><td colspan="5"></td></tr>
<tr><td colspan="5"></td></tr>
<tr><td colspan="5"></td></tr>
</table>

자신이 현재 느끼고 있는 스트레스의 원인을 밝혀보고 이를 분석해보자. 요즘 2~3주간에 경험한 스트레스 상황을 떠올리며 해당란을 채워보자. 특히, 신체적·행동적 반응과 대처했던 방법을 상세히 기록해보자. 스트레스 원인은 〈표 2〉의 내용을 참조하여 〈표 4〉에 적어보도록 하자.

〈표 4〉의 공란을 채우면서 자신이 스트레스 속에 살고 있다는 느낌을 받았을 것이다. 스트레스가 심하면 신체적으로나 심리적으로 매우 해롭지만 어느 정도의 스트레스는 자기계발에 도움을 준다. 그러나 강도가 높은 스트레스는 반드시 해결해야 한다.

스트레스를 극복하기 위해서는 행동의 변화, 사고의 변화, 생활양식의 변화, 처한 환경의 변화가 있어야 한다. 예를 들어, 친한 친구와 다투었다고 가정해보자. 친구의 행동이 원인이라고 생각하지만, 달리 생각하면 그 친구에 대한 나의 비현실적인 기대감이 원인일 수도 있다. 즉, 그 친구에 대한 나의 생각을 변화시키면 스트레스 상황은 일어나지 않는다.

스트레스를 극복할 수 있는 방안에 대해 살펴보자.

(1) 카페인 섭취를 줄이자

대부분의 사람들이 무심코 카페인이 든 음식을 많이 먹는다. 스트레스를 받을 때 카페인 섭취를 줄이면 덜 과민해지고 덜 불안하며 숙면을 취할 수 있다. 또한 근육통도 상당히 감소한다. 카페인이 든 음식을 서서히 줄여간다면 쉽게 끊을 수 있다. 커피의 경우, 하루에 반 잔씩 줄여보자. 누구나 일주일 정도면 성공적으로 줄일 수 있다.

(2) 충분한 수면을 취하자

만성 스트레스 환자들 대부분이 불면증에 시달린다. 그날 숙면을 취하지 못하면 다음날 피곤함에 시달리는 악순환이 반복된다. 평소보다 30분 정도 빨리 잠자리에 들자. 만약 계속해서 불면증에 시달린다면 의사의 도움을 받는 것이 바람직하다.

(3) 휴식과 여가를 즐기자

여가란 라틴어로 '허가'를 의미한다. 충분한 여가를 즐기지 못하는 것은 자신에게 여가를 즐길 수 있는 시간을 허락하지 않는다는 의미다. 여가가 적을수록 더 많은 스트레스를 받는다. 우리의 생활은 잠을 제외하고 일, 가족, 사회, 자신 등 네 부분으로 나뉜다. 특히 자기 자신을 위한 시간, 즉 운동이나 취미활동, 자기계발, 여가 등에 적극적인 투자를 해야 한다.

(4) 현실적인 사고를 하자

일반적으로 스트레스는 비현실적인 기대로부터 생긴다. 대부분의 사람들은 어떤 일이나 상황에 대하여 자신이 기대했던 것과 일치하지 않았을 때 스트레스를 받는다. 학업문제로 스트레스를 자주 받는 학생의 경우, 준비는 하지 않으면서 시험과 리포트에 대한 걱정으로 스트레스를 받는다. 시험 준비를 하거나 리포트를 써야 할 때 충분한 시간적 여유를 갖고 자료를 미리 확보해두자. 학점은 우연히 주어지는 것이 아니다. 현실적인 계획과 실행이 있어야만 좋은 학점을 받을 수 있다.

(5) 생각을 달리하자

우리는 흔히 물 컵에 물이 반밖에 안 남았는지 혹은 반이나 남았는지에 대해 이야기한다. 심리적으로 물이 반밖에 남지 않았다고 인지하는 것과 물이 아직도 반이나 남아 있다고 인지하는 것에는 큰 차이가 있다. 같은 사물과 현상을 보더라도 나은 쪽을 선택하는 것이 스트레스를 극복하는 좋은 사고방식이다. 이러한 사고방식은 자기에게 닥친 어려운 문제를 좋은 기회로 활용하게 하는 원동력이 된다.

이 밖에도 자기 자신만의 스트레스 극복 방법을 가지는 것이 좋다. 적

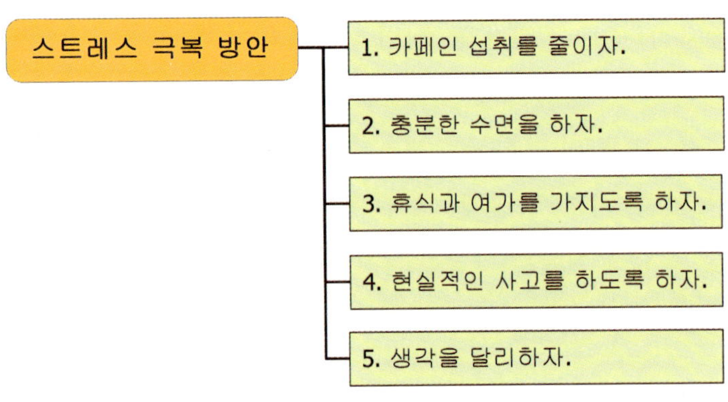

그림 1 ★ 스트레스 극복 방안 요약

절히 감정을 표출하거나 명상과 여행을 가는 등 스트레스를 극복하는
다양한 방법이 있다.

자신에게 스트레스를 주는 상황을 생각해보고 이를 극복하기 위한
대처 방안을 다음의 〈표 5〉에 적어보도록 하자.

표 5 스트레스 대처 전략	
스트레스를 주는 상황	대처 전략

2. 돈으로도 살 수 없는 건강 지키기

건강한 식생활

예전과 달리 요즘의 식생활 관리는 영양과잉으로부터 발생될 수 있는 각종 질병을 예방하고 영양의 균형을 맞추는 데 초점을 두고 있다. 대학 생활은 고등학교 생활에 비해 상당히 불규칙적이다. 각종 시험 준비와 리포트 마감일 등을 맞출 때는 규칙적인 식사가 어렵다. 갑자기 다이어트를 하겠다고 마음먹고 무조건 굶는 경우도 있다. 반면, 동아리 모임이나 과 모임이 있을 때에는 허리띠를 풀어놓고 새벽까지 먹는 일도 발생한다. 특히 자취를 하는 경우에는 제때에 음식을 먹기가 어렵기 때문에 며칠 동안 굶었다가 기회가 있을 때 폭식을 하는 경우가 많다. 이러한 불규칙한 식생활 습관은 젊었을 때에는 느끼지 못하지만 나이가 들면 각종 성인병으로 나타날 수 있다.

'건강은 젊었을 때 지켜야 한다' 는 말은 진리이다. 건강한 식생활은 활기찬 대학생활의 원동력이 된다. 소홀히 생각하지 말고 적극적인 계획을 세워 실천하도록 하자.

올바른 식생활 습관을 위해서는, 첫째, 규칙적인 식생활 습관을 갖는 것이다. 아침, 점심, 저녁 식사는 정해진 시간에 해야 한다. 둘째, 균형 잡힌 영양소를 섭취해야 한다. 그러기 위해서는 편식은 금물이다. 셋째, 식사는 맛있게 천천히 하도록 한다. 급하게 먹으면 소화흡수도 더딜 뿐만 아니라 많이 먹게 된다. 이 밖에도 규칙적인 운동과 절제된 음주, 과로, 흡연, 스트레스 등을 피하는 것이 올바른 식생활을 위해 꼭 지켜야 할 요소이다.

　건강한 식사를 위해서는, 첫째, 채소, 과일, 전곡, 무지방 또는 저지방 우유나 유제품을 권장한다. 둘째, 살코기, 가금류, 어류, 콩을 충분히 섭취한다. 셋째, 포화지방, 트랜스 지방, 콜레스테롤, 소금, 당류를 적게 섭취한다.

　다음의 〈표 6〉을 통해 평상시 나의 식생활 습관을 점검해보도록 하자.

| 표 6 | 식습관 점검표 |

식습관은 당신의 영양 상태를 결정짓는 중요한 요인입니다.
평상시 식습관에 해당되는 사항을 선택하여 ○표 하십시오

Ⅰ. **식사태도**

1. 평상시 식사는 가족이나 친구들과 함께 한 즐거운 식사였습니까?
　① 2끼 이상(　　) 　② 1끼 이상(　　) 　③ 전혀 아님(　　)

2. 평상시 식사를 할 때는 충분한 시간을 갖고 식사를 하십니까?
　① 3끼 이상(　　) 　② 2끼 미만(　　) 　③ 1끼 이하(　　)

3. 아침을 거르거나 너무 가볍게 먹습니까?
　① 전혀 아님(　　) 　② 가끔(　　) 　③ 항상(　　)

4. 식사 전 간식을 하거나 저녁을 너무 많이 먹는 일이 있습니까?
　① 전혀 아님(　　) 　② 가끔(　　) 　③ 항상(　　)

Ⅱ. **반찬의 조화(어제 식사를 기준으로)**

5. 야채나 감자, 고구마 등으로 만든 반찬을 먹었습니까?
　① 3끼 전부(　　) 　② 2끼 미만(　　) 　③ 1끼 이하(　　)

6. 생선, 육류, 계란, 콩, 두부 등으로 만든 반찬을 먹었습니까?
　① 3끼 전부(　　) 　② 2끼 미만(　　) 　③ 1끼 이하(　　)

7. 주식(밥이나 빵, 국수), 야채반찬(나물, 생채, 샐러드 중 하나), 고기반찬(생선, 육류, 계란, 소시지, 두부, 콩 중 하나)을 골고루 먹는 식사를 하였습니까?
　① 3끼 전부(　　) 　② 2끼 미만(　　) 　③ 1끼 이하(　　)

8. 반찬이 3종류 이상 있는 식사였습니까?

   ① 3끼 전부(　　)   ② 2끼 미만(　　)   ③ 1끼 이하(　　)

9. 튀김, 전 볶음 등 기름을 많이 사용한 음식을 자주 먹습니까?

   ① 자주 먹음(　　)   ② 가끔(　　)   ③ 거의 먹지 않음(　　)

10. 우유 및 유제품(치즈, 고형 요구르트)을 먹습니까?

   ① 매일 먹음(　　)   ② 가끔(3일에 한 번)(　　)   ③ 거의 먹지 않음(　　)

11. 우리나라에서 나는 식품재료를 이용한 식사였습니까?

   ① 3끼 전부(　　)   ② 2끼 미만(　　)   ③ 1끼 이하(　　)

12. 너무 맵고 짜거나 단 음식, 화학조미료를 많이 넣은 음식의 섭취를 피하려고 했습니까?

   ① 3끼 전부(　　)   ② 2끼 미만(　　)   ③ 1끼 이하(　　)

13. 가공식품, 반가공식품, 인스턴트 식품이 아닌 자연식품으로 만든 음식을 주로

   한 식사였습니까?

   ① 3끼 전부(　　)   ② 2끼 미만(　　)   ③ 1끼 이하(　　)

14. 계절 식품을 이용한 식사였습니까?

   ① 3끼 전부(　　)   ② 2끼 미만(　　)   ③ 1끼 이하(　　)

15. 식사비용에 무리가 없는 식사였습니까?

   ① 항상(　　)   ② 가끔(　　)   ③ 문제가 있다(　　)

16. 장보기, 음식조리, 설거지 등에 시간이나 노력을 무리하게 소비하지 않습니까?

   ① 전혀 아니다(　　)   ② 가끔 그렇다(　　)   ③ 항상 그렇다(　　)

Ⅲ. 생활과의 조화

17. 매일매일 학교생활(또는 가사), 운동, 휴식, 식사가 균형이 잡힌 하루였다고

   생각하십니까?

   ① 항상(　　)   ② 가끔(　　)   ③ 문제가 있다(　　)

18. 비타민제, 영양제를 먹습니까?

   ① 전혀 아님(　　)   ② 가끔(　　)   ③ 항상(　　)

19. 건강을 위해서 영양에 관해 알고 있는 지식을 실천하고 있습니까?

   ① 적극적으로 실천한다(　　)   ② 그저 그렇다(　　)   ③ 그렇지 않다(　　)

20. 자신의 식사가 자신의 건강 유지에 적절하다고 생각하십니까?

   ① 그렇다(　　)   ② 약간 고칠 필요가 있다(　　) ③ 문제점이 많다(　　)

■ 각 항목별 점수 : 설문의 Ⅰ. 식사태도, Ⅱ. 반찬의 조화, Ⅲ. 생활과의 조화의 각 항 목에 대해서
　①번에 응답한 횟수 × 5점
　②번에 응답한 횟수 × 3점
　③번에 응답한 횟수 × 0점씩으로 합계점수를 계산합니다.

■ 보너스 점수 : Ⅰ. 식사태도, Ⅱ. 반찬의 조화, Ⅲ. 생활과의 조화의 각 항목의 합계 점수가 전부 10점 이상인 경우에는 10점을, 전부 8점 이상인 경우에는 보너스 5점 을 더해줍니다.

■ 식생활 태도 총 점수 : 항목별 점수(　)＋보너스 점수(　)＝(　)

■ 당신의 식생활 태도는 다음과 같습니다.
　• 80점 이상 : 현재 당신은 건전한 식생활 태도를 갖고 있으며, 앞으로도 이와 같은 바람직한 태도를 유지해 나가시기 바랍니다.
　• 60~79점 : 당신의 식생활 태도는 건전한 방향으로 가고 있으나, 보다 바람직한 식생활 태도를 갖기 위해서는 기초 점검이 필요합니다.
　• 60점 미만 : 당신의 식생활 태도는 전반적으로 문제가 있습니다. 영양 전문인과 의 상담이 필요합니다.
　※ 문제되는 항목을 수정하려는 굳은 의지와 실생활에서 행동을 수정하는 실천이 따라야 식습관은 개선될 수 있습니다.

출처 : 문수제, 『영양과 건강』(신광출판사, 1998).

자신의 점수가 60점 미만인 경우는 전문 영양사와의 상담이 필요하다. 각 대학의 부설기관 중 학생들의 복지를 담당하는 곳, 예를 들면 학생생활연구소 등을 찾아가 전문인의 도움을 받도록 하자.

다음은 한국영양학회에서 제시한 식품 구성탑이다. 참조하여 자신의 식단을 꾸며보자.

식품 구성탑은 식품군을 6가지로 분류한 후, 식생활에서 차지하는 중요성을 각 층의 위치와 크기로 표현하는 우리나라 고유의 탑 모양으로 나타냄. 식품군별 대표식품의 1인 1회 분량은 개인별 권장섭취패턴을 고려한 식사계획이나 평가에 사용함.

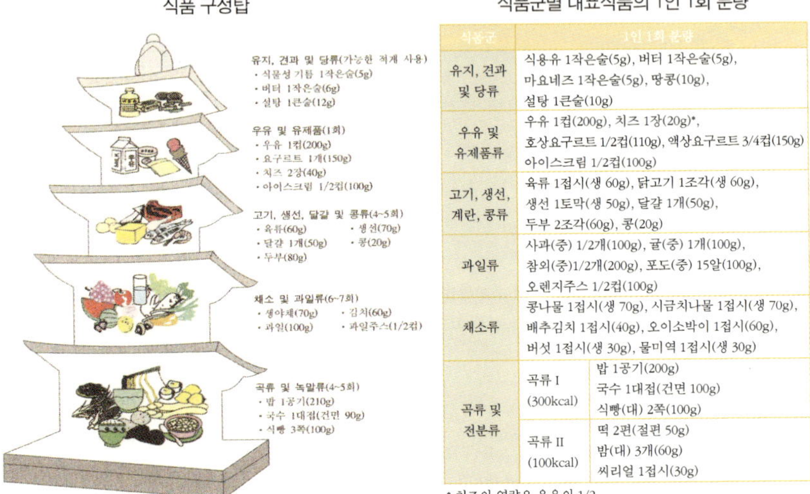

식품군별 대표식품의 1인 1회 분량

식품군		1인 1회 분량
유지, 견과 및 당류		식용유 1작은술(5g), 버터 1작은술(5g), 마요네즈 1작은술(5g), 땅콩(10g), 설탕 1큰술(10g)
우유 및 유제품류		우유 1컵(200g), 치즈 1장(20g)*, 호상요구르트 1/2컵(110g), 액상요구르트 3/4컵(150g) 아이스크림 1/2컵(100g)
고기, 생선, 계란, 콩류		육류 1접시(생 60g), 닭고기 1조각(생 60g), 생선 1토막(생 50g), 달걀 1개(50g), 두부 2조각(60g), 콩(20g)
과일류		사과(중) 1/2개(100g), 귤(중) 1개(100g), 참외(중)1/2개(200g), 포도(중) 15알(100g), 오렌지주스 1/2컵(100g)
채소류		콩나물 1접시(생 70g), 시금치나물 1접시(생 70g), 배추김치 1접시(40g), 오이소박이 1접시(60g), 버섯 1접시(생 30g), 물미역 1접시(생 30g)
곡류 및 전분류	곡류 I (300kcal)	밥 1공기(200g) / 국수 1대접(건면 100g) / 식빵(대) 2쪽(100g)
	곡류 II (100kcal)	떡 2편(절편 50g) / 밤(대) 3개(60g) / 씨리얼 1접시(30g)

* 치즈의 열량은 우유의 1/2

그림 2 ★ 식품 구성탑

규칙적인 운동

운동은 단시간 내에 효과가 나타나는 것은 아니다. 장기적으로 꾸준하게 운동을 하면 신체뿐 아니라 심리적인 건강도 얻을 수 있다. 운동을 하면 폐활량이 늘어나고, 혈액순환이 빨라져 피가 깨끗해지고 피가 엉겨서 생기는 동맥경화를 예방할 수 있다. 뿐만 아니라 축적된 지방이 에너지로 산화되어 원하는 몸매를 가질 수 있다.

운동은 규칙적으로 해야 하며, 최대 운동 능력의 50~80% 정도의 운동 강도가 가장 이상적이다. 운동을 처음 하는 사람은 운동 강도를 50%

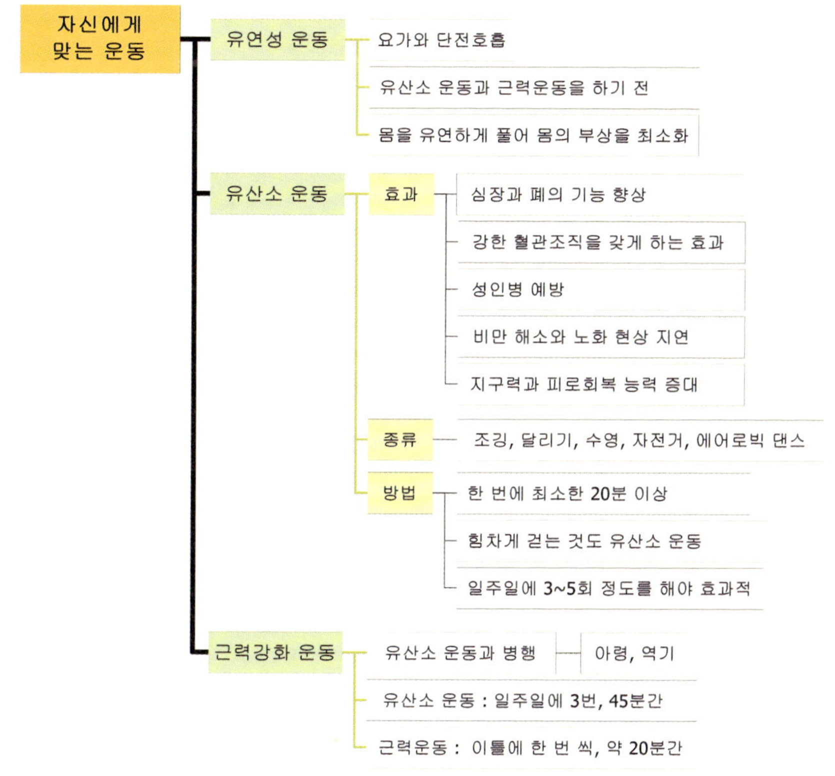

그림 3 ★ 운동의 효과 및 방법 요약

이상 넘기면 몸에 무리가 온다. 운동을 하면서 서서히 강도를 높여야 한다. 운동은 한 번에 최소한 20분 이상 하고, 일주일에 3~5회가 적당하다. 무엇보다 운동은 자신에게 맞는 운동을 하는 것이 중요하다. 운동에는 유산소 운동, 근력 강화 운동, 유연성 기르기의 세 종류가 있다([그림 3] 참조).

첫째, 유산소 운동은 몸 안에 최대한 많은 양의 산소를 공급시킴으로써 심장과 폐의 기능을 향상시키고 강한 혈관조직을 갖게 하는 효과가 있다. 따라서 장기간에 걸쳐 규칙적으로 실시하면 운동 부족과 관련이 높은 고혈압, 동맥경화, 고지혈증, 허혈성 심장질환, 당뇨병 등의 성인병을 적절히 예방할 수 있을 뿐만 아니라, 비만해소와 노화현상을 지연시킬 수 있다. 조깅, 달리기, 수영, 자전거 타기, 에어로빅 댄스, 마라톤 등이 여기에 속한다. 힘차게 걷는 것도 유산소 운동이다. 유산소 운동은 한 번에 최소한 20분, 일주일에 3~5회 정도를 해야 그 효과가 나타난다. 유산소 운동은 심장의 근육을 강화시켜주기 때문에 지구력이 생기고 피로회복 능력이 증가되는 효과가 있다.

둘째, 근력강화 운동은 유산소 운동과 병행하면 이상적이다. 유산소 운동을 일주일에 3번 45분간 하고, 근력운동은 이틀에 한 번씩 약 20분간 하면 효과적이다. 캠퍼스 내에 시설이 있으면 금상첨화겠지만 집에서도 비교적 저렴한 아령이나 역기를 통해 근력강화 운동을 할 수 있다.

셋째, 유연성 운동은 유산소 운동과 근력 운동을 하기 전에 몸을 유연하게 풀어 몸의 부상을 최소화하기 위해 꼭 필요한 운동이다. 유연성 운동은 그 자체가 하나의 운동이 된다. 요가와 단전호흡도 유연성 운동에 대표적인 운동이다.

규칙적인 운동으로 건강한 대학생활의 밑거름을 다지겠다고 마음을 먹었다면, 다음 조언을 읽고 〈표 7〉을 활용하여 나만의 운동계획을 세워보자.

표 7 운동계획표

	일	월	화	수	목	금	토
1주							
2주							
3주							
4주							

첫째, 현실적인 목표를 계획하자. 처음 시작하는 사람이 마라톤을 완주할 수는 없다. 또한 무거운 역기를 수십 차례 드는 것도 무리한 계획이다. 시간적 여유를 가지고 점진적으로 운동량을 늘려가야 한다. 또한 자신의 운동 능력을 알고 싶을 때는 전문가의 조언을 구하는 것이 바람직하다.

둘째, 운동하기 편한 시간과 편리한 장소를 선택하여 계획을 짜도록 하자. 수업시간 직전이나 사람이 너무 몰리는 시간은 가급적 피하는 것이 좋다. 우선, 캠퍼스 내에 어떤 체육시설이 있는지 살펴보자. 많은 대학들이 학생들의 복지를 위해 체육관이나 기숙사 또는 학생회관 등에 운동시설을 설치해놓는 경우가 많다.

셋째, 한 가지 운동만 고집하지 말고 다양하고 재미있는 종목을 고루 선택하도록 하자. 운동을 지속하지 못하는 이유 중 하나가 지루하다는 것이다. 다양한 종류의 운동은 모든 근육발달에 좋을 뿐만 아니라 운동을 지속적으로 하는 데 도움을 준다. 또한 혼자 하는 운동도 좋지만 테니스나 탁구, 농구 등과 같이 함께 할 수 있는 운동을 계획표에 적절히 배치해보자.

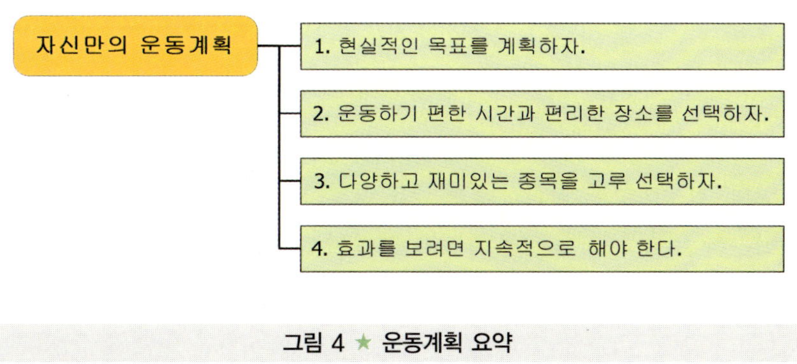

그림 4 ★ 운동계획 요약

넷째, 운동 효과를 보려면 인내심을 길러야 한다. 운동 효과는 단시간 내에 성취되는 것이 아니다. 최소한 6~8주 후에나 효과가 나타난다. 동 아리 활동을 통해 여러 사람이 함께하는 것도 지속적으로 운동을 하는 데 도움을 준다.

〈표 7〉에 운동계획을 세웠으면, '제1장 시간관리'에서 작성했던 마 스터 스케줄에 옮겨 적고 실천을 통해 건강한 몸을 만들어보자.

술과 건강

대학생이 되면 갑자기 성인이 된 느낌이 들고 주변 사람들의 간섭이 줄어들어 자칫 무리한 음주를 하는 경우가 있다. 각종 동아리 모임이나 MT, 학교 주변의 식당 등 음주문화에 쉽게 노출된다. 음주는 초기에 조 절하지 못하면, 술을 습관적으로 마시게 되고 술로 인해 자신의 미래를 망치게 된다.

술을 지나치게 마시면 궤양을 유발하고, 지방간이나 알코올성 간염 등을 발병시킬 뿐 아니라 중추신경계를 악화시키고 의식을 변화시킨다. 술을 과음하게 되면 판단이나 감정 조절 능력을 잃게 되고, 운동기능과 반사기능이 떨어진다. 또한 불면증과 두통, 구역질 등을 동반하게 되며, 여성의 경우 태아에게 심각한 손상을 입힐 수 있다.

더구나 술을 장기적으로 과음하게 되면 문제는 더욱 심각해진다. 우 선, 간경변증 등 치명적인 간질환을 앓게 되고, 기억력 감퇴와 정신적인 기능의 약화를 가져온다. 또한 영양부족과 면역기능의 저하가 나타나고 구강, 후두, 식도, 간장, 유방, 갑상선과 소화기 계통에 암이 발생할 확률이 높아진다. 위장질환과 췌장염 그리고 정맥염증이 자주 발생하여 잠정적 혹은 영구적으로 실명할 수도 있다. 물론 심근경색증과 뇌졸증이 발병할 확률도 증가된다.

〈표 8〉을 통해 자신의 음주습관을 점검해보자. 자신이 해당하는 항목에 체크한 후 항목별 가중치를 합산해보자.

표 8	알코올 중독 선별검사(NAST)		
	검 사 항 목	표 시(v)	가 중 치
1. 자기 연민에 잘 빠지며 술로 인해 이를 해결하려 한다.			1.5
2. 혼자 마시는 것을 좋아한다.			2.4
3. 술 마신 다음날 해장술을 마신다.			3.3
4. 취기가 오르면 술을 계속 마시고 싶은 생각이 지배적이다.			3.6
5. 술을 마시고 싶은 충동이 일어나면 거의 참을 수 없다.			3.3
6. 최근에 취중의 일을 기억하지 못하는 경우가 있다.			2.4
7. 대인관계나 사회생활에 술이 해로웠다고 느낀다.			1.0
8. 술로 인해 학업에 상당한 손상이 있다.			2.8
9. 술로 인해 친한 친구(보호자)가 나를 떠났거나 떠난다고 위협한다.			2.8
10. 술이 깨면 진땀, 손떨림, 불안이나 좌절 혹은 불면을 경험한다.			5.0
11. 술이 깨면서 공포나 몸이 심하게 떨리는 경험, 혹은 헛것을 보거나 헛소리를 들은 적이 있다.			5.0
12. 술로 인해 생긴 문제로 치료 받은 적이 있다.			2.1

출처 : 이미형, 『알코올! 끝없는 사랑』(2002).

진단 문항 수로 '그렇다' 라고 한 표시가 4개 이상 또는 가중치 점수 합계가 11점 이상이면, 알코올 치료 병동에 입원할 정도의 최소 수준이며 알코올 중독 진단 가능성이 매우 높다. 특히 불안이나 공포 등 금단증상을 나타내는 10번과 11번 항목에 해당될 경우 다른 문항의 유무에 관계없이 알코올 중독으로 진단한다.

점검결과 자신의 음주습관을 바꿔야겠다는 판단이 서면 외부의 도움을 받는 것이 좋다. 대학 내에 학생생활연구소나 보건소 등에 찾아가 적절한 도움을 받도록 하자.

반드시 술을 마셔야 할 때는 단시간 내에 마시거나 안주 없이 마시지 않도록 하고, 가능한 묽게 희석하여 마시고 공복에는 마시지 않도록 한다. 술에 대한 반응은 같은 양이라 해도 사람마다 각기 다르게 나타나므로 스스로 잘 조절해야 하며, 술을 마실 때 주위에서 억지로 강요하는 것은 바람직하지 못하다.

건강을 위해서는 무엇보다 음주량을 철저히 통제해야 한다. 적당한 양의 알코올은 긴장을 풀고 혈액순환을 돕는다. 대략 맥주를 기준으로 남자는 300cc, 여자는 120cc가 적당하다.

술을 마실 때는 짧은 시간 동안 많은 양을 마시지 말고 단백질 안주를 먹으면서 천천히 마신다. 술을 섞어서 마실 경우에는 독주 다음에 순한 맥주 등을 마시는 것보다는 순한 맥주 다음에 양주 등의 독주를 마시는 것이 낫다.

술 마신 뒤 약 3일은 쉰다. 음주 후 간에 생성된 지방이 빠져 간기능이 회복되기까지는 개인차가 있기는 하지만 대략 3일 정도가 걸린다. 음주 전후에 드링크제, 위장약, 간장약 등의 복용이나 사우나 등은 별 도움이 되지 않는다. 또한 해장술은 오히려 간을 혹사시키기 때문에 좋지 않다. 과음에는 따뜻한 꿀물을 마셔 혈액 속에 부족해진 당분과 전해질을 공급해준다. 다음날 아침에는 콩나물이나 북어국, 깨죽, 토마토주스 등을 먹는 것이 숙취 제거에 많은 도움을 준다.

술을 마실 때는 담배를 피우지 않는 것이 좋다. 흡연은 알코올이 간장에서 해독되는 것을 저해하며 동시에 발암 가능성을 높인다.

결론적으로 담배는 백해무익하다. 분위기에 따라 멋으로 피우다가 습관이 되어버리면 그 후유증은 이루 말할 수 없다. 담배 속에 포함된 타르에는 수십 종의 발암물질이 들어 있어 폐암, 후두암 등 각종 암을 일으킨다. 니코틴은 모세혈관과 말초혈관을 수축시키고 혈압을 상승시켜 신경을 자극하고 혈관벽을 손상시켜 동맥경화를 촉진시킨다. 이로 인한 심장질환의 발병률도 높아진다. 기체 성분 속에 들어 있는 일산화탄소 등은 만성 저산소증 현상을 일으켜 신진대사에 장애를 주고 조기 노화의 원인이 된다. 상습적으로 담배를 피우면 기침, 가래가 많이 나오고 감기, 기관지염, 천식에 자주 걸린다. 이것이 누적되면 폐포벽이 파괴되어 만성기관지염, 폐기종이 생긴다.

마찬가지로, 담배 피우는 사람 옆에서 담배 연기를 마실 경우 폐암, 심장병 등 각종 질환에 걸릴 확률이 높다. 임신부가 담배를 피우면 저체중아를 낳는다. 또한 인간관계에도 부정적인 영향을 줄 수 있다. 명심하자. 사회적으로 금연구역이 늘어나고 흡연자에 대한 사회적 인식이 날로 부정적으로 변하고 있다. 심지어 취업에도 큰 장애요인이 된다.

대학생활에서 흡연은 결코 의미 있는 행동이 아니다. 무조건 끊도록 하자. 외부의 도움을 받는 것도 매우 효과적인 방법이다. 동네의 보건소에 금연 클리닉이 상시 운영되고 있다. 가장 가까운 보건소에 찾아가 빠른 시간 내에 효과적으로 금연할 수 있는 방법을 택하도록 하자.

금연을 통해 얻을 수 있는 이익은 〈표 9〉와 같다.

표 9	금연으로부터 얻을 수 있는 이익
기 간	**금연으로 얻을 수 있는 이익**
2시간	혈액 속 니코틴 완전 제거
6시간	맥박과 혈압 개선
12~24시간 미만	일산화탄소 완전 체외 배출로 폐기능 향상
2일	기분이 상쾌해지고 담배 냄새가 사라져 미각과 후각이 정상으로 회복, 지구력이 좋아짐.
1주일	폐 속에 누적된 점액이 묽어지면서 가래로 배출되며, 폐의 정화기능을 담당하는 섬모기능 회복
1개월	혈압 정상 회복
2개월	혈액순환이 좋아져 자신감과 만족감 느낌
3개월	폐의 섬모기능 완전히 정상화, 정자 수 증가

금연을 위한 일반적인 지침은 다음과 같다.

첫째, 금연은 결심한 날로부터 단번에 끊는다. 양을 줄여가면서 끊으려고 하면 실패하는 경우가 대부분이다.

둘째, 의지력을 굳게 한다.

셋째, 가족, 친지, 동료들에게 금연의 결심을 알리고 협조를 요청한다.

넷째, 담배를 피우고 싶을 때마다 소량씩 물을 마신다. 물은 몸속에서 타르와 니코틴을 배출하는 역할을 한다.

다섯째, 목욕을 자주 한다. 하루에 2번 이상 15~20분 정도 목욕하면 정신이 맑아져 흡연욕구가 줄어든다.

여섯째, 담배를 피우고 싶은 생각이 날 때마다 반복해서 심호흡을 한다.

일곱째, 자극성 음료, 술, 커피, 콜라 등 흡연욕구를 자극하는 음식물을 피한다. 담백하고 단순한 식사를 규칙적으로 하고 과일, 채소를 충분히 섭취한다.

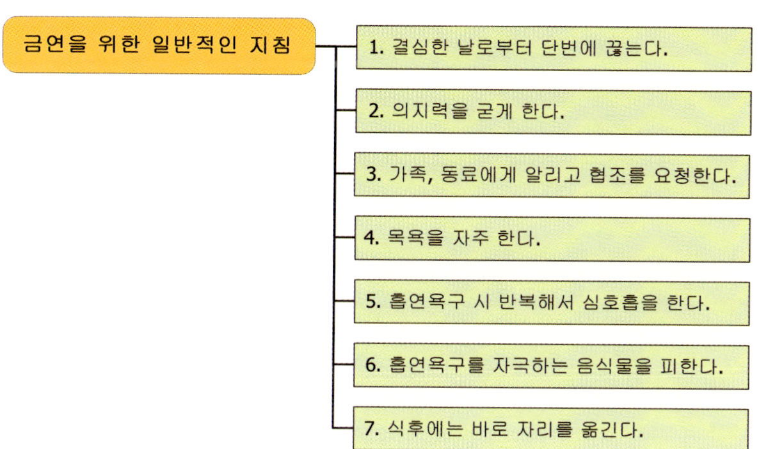

그림 5 ★ 금연을 위한 일반적인 지침

여덟째, 식후에는 바로 자리를 옮긴다. 담배를 가장 피우고 싶을 때가 식후이므로 산책을 나가든지 몸을 움직이는 일을 한다.

대학생활은 부모로부터 독립하여 자신의 미래를 스스로 개척하는 출발점이다. 스스로 할 일이 너무 많다 보니 스트레스도 많이 받게 되고, 주변에서 챙겨주는 사람이 없으면 먹는 것이 부실해져 자칫 건강에 적신호가 켜지기도 한다. 또한 음주와 흡연을 조절하지 않으면 꿈꾸는 멋진 미래가 잿빛으로 변할 수도 있다. 결심은 누구나 할 수 있다. 실천하는 사람만이 미래를 성취할 수 있다.

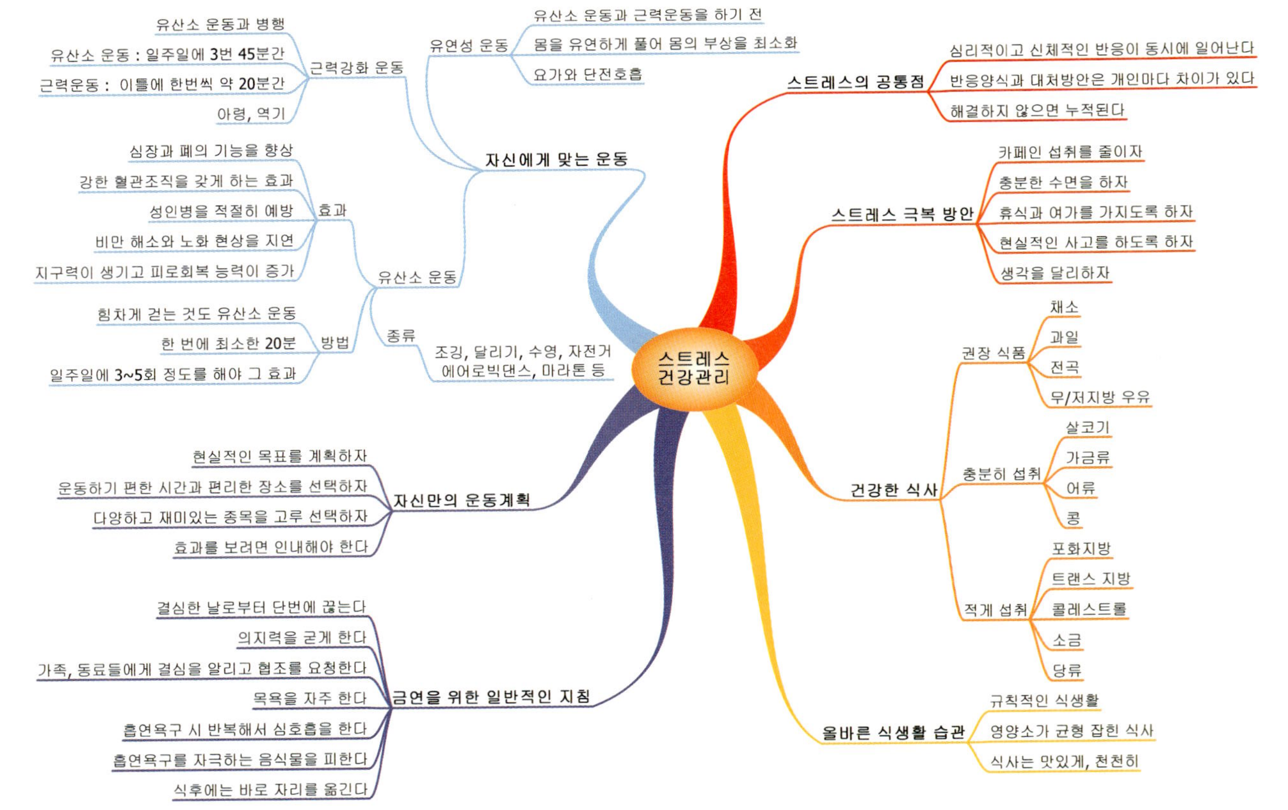

그림 6 ★ 스트레스와 건강관리 요약 맵(맵핑 소프트웨어를 사용한 예시)

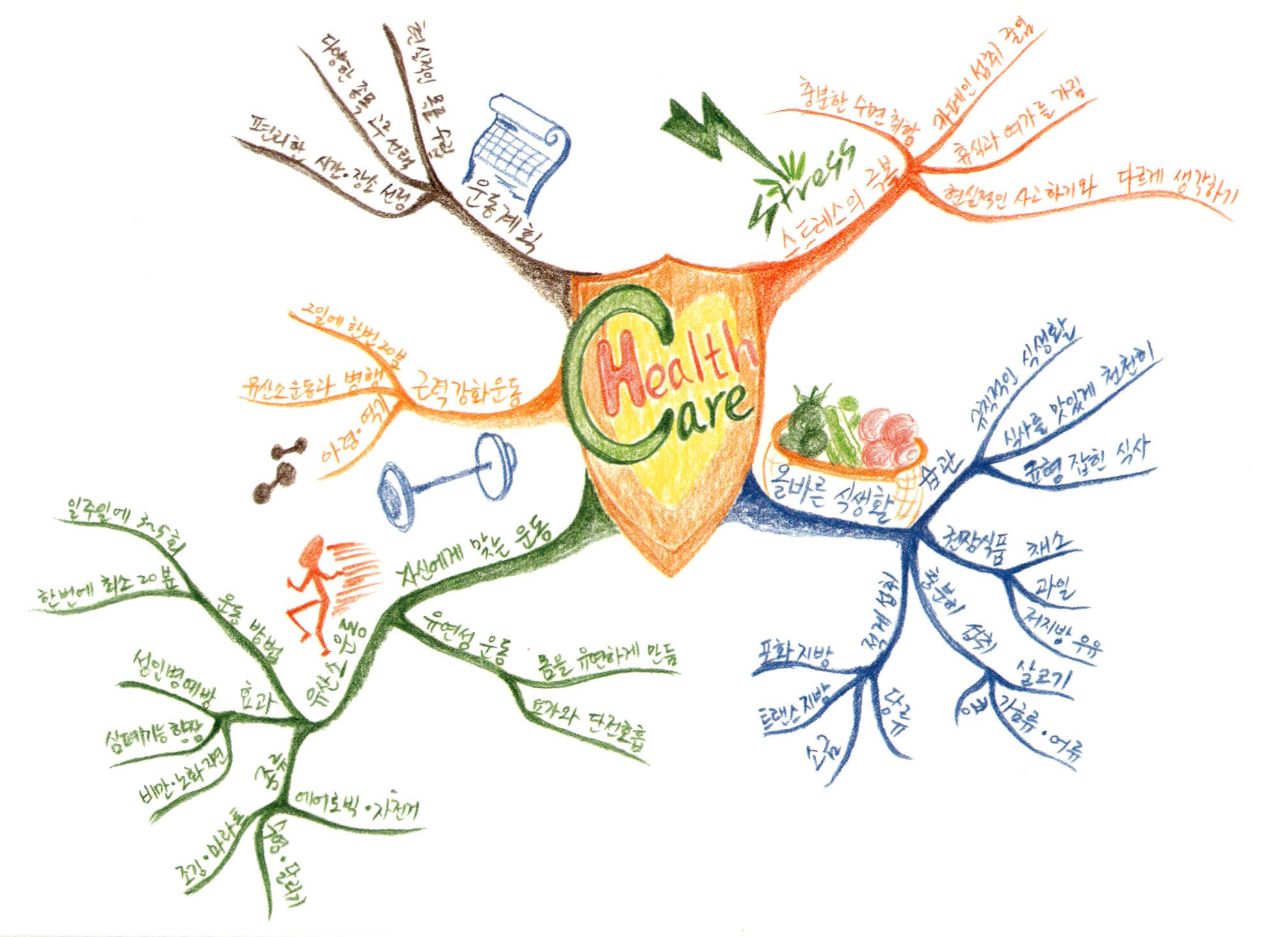

그림 7 ★ 건강관리 방법을 마인드맵 형식을 활용, 손으로 직접 그린 예시

전체를
한눈에 보여주는
수업 발표의 기술

P . A . R . T

05

대학에서 배우는 학문은 무조건 암기만 해서 되는 것이 아니라 그 지식을 내 것으로 만드는 작업이 필요하다. 스스로 문제를 해결하고 문제를 다루는 방법을 깨우쳐야만 자신에게 필요한 학문적 성취를 이룰 수 있다.

1. 주도적으로 수업 참여하기

대학생활에서 가장 중요한 것이 수업에 빠지지 않고 적극적으로 참여하는 일이다. 수업에 빠지는 것도 문제지만 수업에 들어와 수업활동에 참여하지 않는 것도 문제다. 어떤 연구에서는 대학생 중 약 10% 정도만이 자발적으로 수업에 참여한다고 한다. 대학 강의실에서조차 많은 학생들이 자신이 어리석게 보이는 것을 두려워해 수업 내내 입을 다물고 있는 경우가 허다하다.

학생들은 수업에서 소위 생존전략으로서 침묵을 선택한다. 그 이유 중 하나가 고등학교에서 형성된 학습습관 때문이다. 고등학교에서는 선생님의 수업을 잘 듣고 과제를 성실히 수행하고, 예습·복습을 철저히 하면 누구나 좋은 성적을 받을 수 있었다. 그러나 대학은 사정이 다르다. 수업에 적극적으로 참여하지 않으면 낙제할 위험이 있다. 대학에서 배우는 학문은 무조건 암기만 해서 되는 것이 아니라 그 지식을 내 것으로 만드는 작업이 필요하다. 스스로 문제를 해결하고 문제를 다루는 방법을 깨우쳐야만 자신에게 필요한 학문적 성취를 이룰 수 있다.

수업에 참여하면 다음과 같은 이점이 있다.

첫째, 적극적인 수업참여는 학습에 대한 의욕을 향상시킨다. 아무리 공부를 잘하는 학생이라도 수업시간 동안 단 한 마디도 하지 않고 소극적인 자세를 보인다면 이내 수업에 흥미를 잃을 것이다. 수업참여의 가장 기본적인 행동이 교수의 강의나 다른 학생들의 발표를 경청하고, 자신이 발표해야 하는 주제에 대해 진지하게 생각하는 것이다. "단지 듣기만 하면 잊어버리고, 보면 기억하고, 실행해보면 이해한다"는 중국 속담은 수업행동 지침으로 삼을 만하다.

일반적으로 인지심리학자들은 특별한 장애가 없는 한 사람이 기억하지 못하는 것은 기억력이 나빠서가 아니라 적극적으로 학습하지 않기 때문이라고 주장한다. 즉, 본인 스스로가 기억하려고 노력한다면 기억력은 상당 부분 증가한다는 뜻이다.

둘째, 규칙적으로 수업에 참여하면 좋은 성적을 받을 수 있다. 수업에 참여하지 않거나 강의실 뒤에 앉아 잡담을 하는 학생들 대부분은 성적이 저조한 편이다. 이러한 수업태도는 학업에 부정적인 영향을 준다.

셋째, 수업에 참여하면 교수는 물론 같이 수강하는 친구들과 좋은 관계를 맺을 수 있다. 적극적인 수업참여의 이점 중 하나가 바로 교수와 서로 알게 된다는 것이다. 교수와의 우호적인 관계는 후에 추천서를 받아야 할 때 크게 도움이 된다. 교수에게 눈에 띄는 학생은 무엇보다 수업에 적극적으로 참여하는 학생이다. 눈에 띄는 학생이 오랫동안 기억

되는 것은 당연한 일이다.

수업참여에 대한 교수들의 생각이 각각 다르기 때문에 그 의도를 잘 파악해야 한다. 단순히 수업시간에 졸지 않고 강의에 열중하는 것을 기대하는 교수가 있는 반면, 어떤 교수는 학습 내용에 관련된 적극적인 발언을 하거나 토론 중인 주제에 대해 신중하게 논의할 수 있기를 기대하기도 한다.

일반적으로 교수들은 자신이 담당하는 수업시간에 학생들이 교수의 물음에 적극적으로 답하고, 자신의 생각을 발언하고 질문하기를 기대한다. 예전에는 단순히 개인적인 의견을 제시하는 것으로 충분했지만, 현재 대학 수업의 일반적인 흐름은 그 수업시간에 배운 내용에 비추어 자신의 의견을 입증해야 한다. 예를 들어, 교수가 "일반적으로 사용되는 비언어적 의사소통 형태 중 몇 가지를 말해보시오"라고 질문했을 때, 한 학생이 '손짓' '안면 표정' '태도' 라고 말한다면 그것은 교수가 의도한 심층적인 답변이 아닐 수 있다. 이때는 "상담심리학자들은 다리를 꼬는 행동을 '거부' 의 의도로 해석한다"라는 방식의 구체적인 답변이 필요하다.

교수들이 학생들의 수업참여를 독려하기 위해 사용하는 방법은 다양하다. 어떤 교수는 출석부나 좌석표를 보고 무작위로 학생을 호명하여 수업준비가 되어 있는지 확인한다. 또 어떤 교수는 수업시간에 발표하는 것을 보고 학점에 크게 반영하기도 하고, 학생들에게 예고하지 않은 질문을 통해 학생들의 수업준비 정도를 확인하기도 한다. 그러나 단순히 출석을 수업참여로 여기는 교수도 있다.

어떤 대학에서는 출석에 관한 규정을 대학요람에 넣어 출석 여부를 학점에 일정비율 반영하기도 한다.

지금 자신이 다니는 대학이 출석규정을 정해놓았는지, 만약 그런 규정이 있다면 결석이 학점에 어떤 영향을 끼치는지 확인해봐야 한다. 그러나 무엇보다 결석을 자주 하면 성적이 낮게 나온다는 점을 명심해야 한다.

다음의 〈표 1〉을 작성해보고 수강하는 과목에서 요구하는 수업참여 방법을 살펴보도록 하자.

혹시 자신이 파악하지 못한 평가기준이 있다면 그 대비전략을 세워보자.

표 1	수강과목 평가기준
수강과목명	**평가기준**
1.＿＿＿	출석(%), 발표(%), 퀴즈(%), 중간시험(%), 기말시험(%), 리포트(%), 그 밖의 평가(%)
2.＿＿＿	출석(%), 발표(%), 퀴즈(%), 중간시험(%), 기말시험(%), 리포트(%), 그 밖의 평가(%)
3.＿＿＿	출석(%), 발표(%), 퀴즈(%), 중간시험(%), 기말시험(%), 리포트(%), 그 밖의 평가(%)
4.＿＿＿	출석(%), 발표(%), 퀴즈(%), 중간시험(%), 기말시험(%), 리포트(%), 그 밖의 평가(%)
5.＿＿＿	출석(%), 발표(%), 퀴즈(%), 중간시험(%), 기말시험(%), 리포트(%), 그 밖의 평가(%)
6.＿＿＿	출석(%), 발표(%), 퀴즈(%), 중간시험(%), 기말시험(%), 리포트(%), 그 밖의 평가(%)
7.＿＿＿	출석(%), 발표(%), 퀴즈(%), 중간시험(%), 기말시험(%), 리포트(%), 그 밖의 평가(%)

2. 단계별 수업 발표 전략

조별 모임을 통한 협동학습

조별로 수업을 준비하는 것도 적극적인 수업태도 중 하나다. 대학에서 많은 교수들이 학생들에게 협력하여 공동의 학습목표를 이루도록 요구하고 있다. 소집단으로 이루어지는 협동학습은 많은 장점을 가지고 있다. 협동학습은 학생들이 강좌내용에 익숙해지도록 도와줄 뿐만 아니라, 졸업 후 다닐 직장에서 필요한 대인관계 기술을 익히는 데 도움을 준다.

각자가 수업에 필요한 자료를 모으고 책임을 분담하는 조별 활동을 통해 집단 창의력이 발현되기 때문에 더욱 심층적으로 학습과제를 해결할 수 있다. 즉, 협력을 통해 더욱 도전적이고 복잡한 과제들을 분담하여 정복해 나가는 다양한 문제해결 능력이 함양될 수 있다.

수업의 경제적인 측면에서도 협동학습이 수업시간을 절약해준다. 학생이 40명인 강좌에서 40명 모두 각자 발표하는 것보다 4명씩 10개 조로 나누어 소집단 학습을 시킨다면 시간을 단축할 수 있을 뿐만 아니라 발표의 질도 좋아진다. 남는 시간은 다른 학습활동 시간으로 활용할 수 있다.

이러한 이유로 소집단 활동은 대학에서 매우 다양하게 활용되고 있다. 예를 들어, 심리학 강좌의 사례연구나 교육학 강좌의 아동 작품 샘플 분석, 작문시간의 문학작품에 대한 토론 등에 적용할 수 있다. 일반적으로 교수는 각 조를 순회하면서 활동 내용을 듣거나 질문을 받기도

하고, 또 각 조가 정해진 목표를 향해 진행하는 것을 보면서 비형식적으로 평가한다. 소집단 활동은 시간을 때우거나 서로 잡담하는 시간이 아니라, 학생들 각자가 학습목표를 달성하고 수업자료를 숙달할 수 있도록 하는 시간이다. 소집단 활동에서 리더 역할을 맡은 조장들은 지도력 또한 함양된다.

대부분 소집단 활동을 통한 협력학습체제에서는 기록자와 발표자를 정하는 것이 일반적이다. 이런 역할을 회피하기보다는 자원하여 맡는 것이 좋다. 자발적으로 기록자나 발표자 역할을 맡으면 다른 학생들의 인정을 받을 수 있고 자신의 발표 기술도 향상될 수 있다. 게다가 교수는 그런 역할을 하는 학생을 기억했다가 평가에 참고할 수도 있다.

소집단 활동과 토론수업은 자발적으로 이루어지기 때문에 평상시에 철저하게 준비하여 발표하는 습관을 가지는 것이 좋다. 학점을 올리는 데 가장 효과적인 방법이기 때문이다.

수업발표 준비

대학은 리포트, 연구보고서, 논문 등을 통해 발표하는 능력을 증진시킬 수 있는 최상의 기회를 제공해주는 곳이다. 대부분의 교수들이 리포트와 발표 능력을 학점에 반영하고 있기 때문에 발표 능력을 빨리 습득하는 것이 대학생활에서 남보다 한 걸음 먼저 나아가는 지름길이다. 그러나 발표 능력은 발표 기술의 습득만을 통해 증진되는 것이 아니다. 발표하는 내용을 작성하고 이를 효과적으로 전달할 때 비로소 완성된다.

수업발표의 유형은 개인적인 발표와 조별 발표가 있다. 발표를 할 때 학생들이 하는 가장 흔한 실수는 발표 자체를 마치 연설하는 것처럼 원고를 길게 써서 거의 암기하다시피 읽는 태도다. 발표할 때는 발표 내용을 암기하거나 보고서의 모든 내용을 읽으려 해서는 안 된다.

불과 5~10분 정도 주어지는 발표 시간에 보고서의 내용을 모두 말할 수는 없다. 효율적으로 발표하기 위해서는 아래의 '효과적인 발표를 위한 지침'에 열거된 네 가지 질문을 해결해야 한다. 만일 수업 중 교수가 이런 정보를 주지 않았다면 발표를 계획하기 전에 교수에게 질문하여 확인하도록 하자.

- 발표를 위해 주어진 시간은 얼마나 되는가?
- 어떤 종류의 시각보조자료(visual aids)가 허용되는가?
- 어떤 수업매체(PPT 자료 등)를 이용할 수 있는가?
- 어떤 기준으로 평가되는가?

일반적으로 자신의 의견을 효과적으로 발표하는 사람은 다음의 특징을 가지고 있다.

- 청중이 자기에게 할 질문을 미리 예상한다.
- 청중과 조화로운 관계(rapport)를 형성한다.
- 어떤 주제에 대해 자신이 관심을 가지는 정도를 청중에게 전달한다.
- 다양한 청중의 욕구를 충족하는 발표를 설계한다.
- 청중으로 하여금 발표 주제를 중심으로 추가연구를 독려한다.
- 청중의 관심을 집중시키는 방법과 적절한 예를 중심으로 설명한다.
- 청중에게 강력한 시각보조자료를 제시하여 전달하고자 하는 메시지를 효과적으로 전달한다.
- 다양한 발표 전략을 사용하여 청중을 계속 집중시킨다.

발표 주제 선정

만일 발표할 주제의 선택이 비교적 자유롭다면, 자신이 가장 관심 갖고 있는 주제와 청중이 관심 갖을 만한 주제를 선택하는 것이 좋다. 무엇보다 발표를 평가할 교수가 인정하는 주제를 선정해야 한다. 교수가 발표할 주제를 목록으로 만들어 학생들에게 선택하라고 할 경우, 자기 차례에 마음에 드는 주제가 없을 수도 있다. 그러한 경우에는 교수와 상의하여 같은 주제를 정할 수 있는지 알아봐야 한다. 두 학생이 같은 주제를 갖고 발표하는 것이 허용되는 경우도 있기 때문이다.

동일한 주제의 경우 그 주제를 여러 가지 측면에서 생각해볼 수 있다. 예를 들면, '환경오염과 대책' 이 발표 주제라고 했을 때, 교육학 전공자는 '환경오염 방지를 위한 교육' 이라는 관점에서 준비할 수 있고, 사회학을 공부하는 학생은 '환경오염에 따른 사회의 변화' 를 연구할 수 있다. 주제의 범위를 좁혀 관심 분야에 적용하면 강좌의 요구사항을 충족하면서도 청중과 교수 모두를 만족시킬 수 있다.

주제가 선정되면 도서관에 가서 그 주제와 관련된 자료를 조사하고 수집해야 한다. 대부분의 대학 도서관에서는 학생들을 위하여 도서관 이용 방법에 관한 오리엔테이션 프로그램을 제공한다. 평소 이런 기회를 잘 이용하면 정보를 더 쉽게 얻을 수 있다. 만일 특정 정보가 필요하면 도서관의 전문 사서를 찾아가 도움을 받는 것도 시간을 절약할 수 있는 좋은 방법이다.

발표 계획

발표하는 것 자체를 두려워하면 청중이 원하는 내용을 전달하기 어렵다. 효과적인 발표의 열쇠는 듣는 사람을 중심으로 생각하고 내용을 구성하는 일이다. 즉, 발표를 준비하는 과정뿐만 아니라 발표 현장에서도 항상 듣는 사람의 입장에 서려고 노력해야 한다.

'청중은 나의 발표 내용 중 어떤 점에 가장 관심을 가질까?' '내가 선정한 발표 주제와 그 내용을 흥미로워할까?' 등을 항상 염두에 두고 발표 내용을 구성해야 한다. 참고로, 대부분의 청중은 다음의 기본적인 입장을 가지고 발표를 듣는다.

- 발표의 주제가 무엇인가?
- 발표자는 발표 주제를 어떻게 알게 되었는가?
- 이 발표를 들으면 어떤 사실, 생각, 기술을 얻을 수 있는가?
- 이 주제가 나(듣는 사람)와 어떤 관계가 있는가?
- 이 발표에서 들은 새로운 정보를 나(듣는 사람)의 상황에 어떻게 적용할 수 있는가?

발표자는 자신의 말을 듣고 있는 청중의 특성을 잘 파악하고 발표 내용을 잘 숙지하고 있을 때 편안함을 느낀다. 반면, 불안감을 느끼는 경우는 발표하고자 하는 내용이 충분히 준비되어 있지 않거나 청중이 자신의 모습을 부정적으로 평가하지는 않을까 하는 우려에 사로잡혀 있는 경우다. 그러나 그 어떤 청중도 발표자가 실패하기를 바라지는 않으며, 원하는 정보가 충분히 다루어지면 발표자의 모든 측면을 긍정적으로 평가하는 경향이 있다.

청중은 발표자가 발표하고자 하는 내용에 대해 상당한 기대감을 갖고 있다. 발표자의 외모나 어투보다는 발표 내용에 따라 주의집중 정도가 달라진다. 다루는 내용이 흥미롭고 정확하게 전달될 때 공감대가 형성되며, 외모·어투·시설 등은 극단적인 경우를 제외하고는 크게 영향을 받지 않는다.

발표하는 방법에는 연구한 내용을 동료들 앞에서 발표하거나 만든 작품을 시연하는 등 많은 경우가 있지만, 기본적인 발표 준비 절차는 유사하다. 일반적인 지침을 살펴보자.

첫째, 발표 준비는 작문과제나 리포트 등의 과제를 수행하는 정도의 노력을 기울이도록 하자. 필요하다면, 문헌이나 선행연구 등의 자료를 참고하여 준비하는 것이 좋다. 발표 현장에서 연구보고서에서 다룬 모든 내용을 발표할 수는 없다. 그러나 핵심내용은 정확하게 다루어야 하며, 담당교수나 동료들의 질문에 명확하게 답변해야 한다.

둘째, 대부분의 발표자들은 가능한 한 많은 내용을 발표하려고 한다. 하지만 좋은 방법이 아니다. 오히려 한 가지 요점을 깊이 다루는 것이 초점 없이 여러 주제를 다루는 것보다 훨씬 효과적이다. 즉, 발표할 때는 가능한 한 요점만을 전달하도록 노력해야 한다. 리포트는 다시 읽을 수 있지만 발표는 그렇지 않다. 따라서 발표를 시작하자마자 청중이 발표 내용이 무엇인가를 분명히 알 수 있도록 배려하자.

셋째, 리포트를 작성하는 것과 마찬가지로 발표도 다루고자 하는 내용을 조직하는 작업이 필요하다. 발표에서 중요한 것은 정확한 용어의 정의이다. 또한 서론·본론·결론이 있어야 하며, 주어진 시간 내에 모두 다루어야 한다.

넷째, 발표할 내용과 목차 등을 적어놓은 카드나 시청각 자료 등 발표에 필요한 모든 자료는 미리 준비하여 연습하도록 하자. PPT 자료를 활용할 경우, PPT 내용과 발표하는 내용이 일치해야 한다. 화제가 바뀔 때 PPT 내용도 함께 바뀌어야 한다. 또한 한 장에 너무 많은 내용을 담는 것은 좋지 않다. 흐름과 용어의 정의 등만 간략히 제시하고 부연설명은 구두로 하는 것이 더욱 효과적이다.

다섯째, 청중의 주의를 집중시킬 만한 방안을 고안하도록 하자. 발표 초기에 청중의 호기심을 자극할 만한 질문을 던지고 발표 내용을 통해 답을 하는 것도 좋은 방법이다.

여섯째, 예행연습이 필요하다. 친한 친구들 앞에서 발표해보고 의견을 들어보자. 또한 지정된 시간 내에 발표 내용을 다룰 수 있는지도 점검해보자. 무엇보다 자신이 준비한 내용에 친숙할수록 발표도 수월하게 진행된다는 사실을 잊어서는 안 된다.

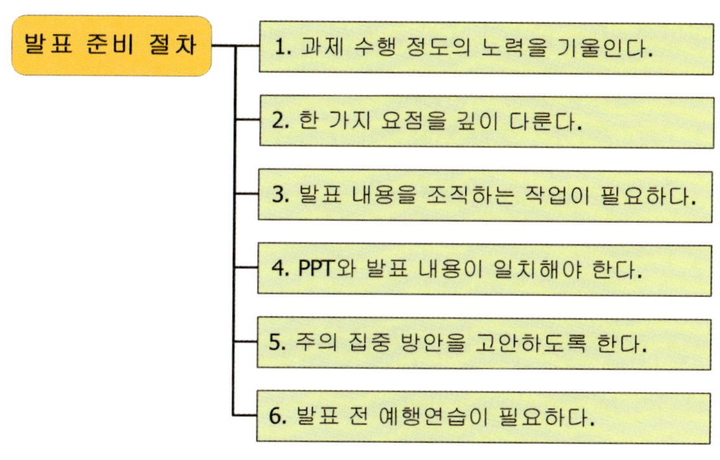

그림 1 ★ 발표 준비 절차 요약

일반적인 발표 전략

(1) 청중의 유형과 대처방안

청중은 일반적으로 다음과 같이 네 가지 유형으로 나뉜다. 다음은 청중의 유형별 대처방안을 간략하게 정리해놓은 것이다.

첫째, '그것이 사실인가?' 유형은 발표자가 준비한 내용의 충실도와 정확성에 관심이 많은 사람이다. 이러한 유형의 청중을 대상으로 발표할 때는 증명된 사실을 중심으로 발표를 이끌어가는 것이 현명하다. 연구결과나 이론, 또는 실제의 사례 등으로 욕구를 충족시켜야 한다.

둘째, '그게 어떻다는 것인가?' 유형은 개인적으로 이미 알고 있는 사실과 발표자의 내용을 비교하는 데 관심이 많은 사람이다. 이 유형은 일방적인 발표보다는 청중과의 질의 및 응답 등을 통한 상호작용을 선호하는 경향이 있다. 활발한 토의 등을 통해 청중의 기분을 배려하는 전략이 필요하다.

셋째, '왜 그런가?' 유형은 발표자의 정보에 대한 이해와 추론의 기회를 갖는 것에 초점을 둔 집단이다. 발표의 내용을 조직화하는 것이 무엇보다도 중요하다.

넷째, '이런 경우는 어떤가?' 유형은 정보와 지식을 만들어내고 재조직하기를 선호하는 사람들이다. 발표 내용이 사실적 확인에서 멈추는 것이 아니라 발표자의 창의적인 표현과 의견제시가 더해지면 좀 더 효과적이다.

(2) 구두 발표 전략

효과적인 발표 능력은 다른 기술과 마찬가지로 연습을 통해 습득된다. 대중 앞에서 발표할 때의 불안감은 시험을 치를 때 느끼는 불안감과 유사하지만 충분한 연습을 통해 극복될 수 있으며, 오히려 이러한 기회가 즐거움으로 바뀔 수 있다. 효과적인 구두 발표를 위한 일반적인 전략을 살펴보자.

첫째, 발표할 때 불안감을 느끼는 것은 지극히 당연한 일이다. 세상 어느 누구도 청중 앞에서 편안함을 느끼지 못한다. 그러나 앞서 말한 바와 같이 대부분의 청중은 발표자가 성공적으로 발표를 끝마치기를 기대한다. 발표를 시작할 때 담당교수나 친한 친구를 쳐다보면 다소 불안감을 해소할 수 있다. 또한 청중의 시선이 부담스러울 경우, 자신의 눈높이에서 약 15도 정도 위로 시선을 고정하면 청중은 발표자가 자신을 쳐다보고 발표하는 듯한 느낌을 받는다.

둘째, 발표 내용에 자신감을 갖자. 청중은 자신감 있게 발표하는 내용을 신뢰하는 경향이 있다. 아무리 좋은 내용일지라도 발표자의 태도가 소극적이면 청중의 주의집중력은 급격히 저하된다. 자신감을 보일 때 청중은 발표자가 충실히 발표 내용을 준비하고 충분히 소화하고 있다고 생각한다. 따라서 성공적으로 발표를 수행할 수 있다는 확신을 끊임없이 주입하도록 하자.

셋째, 발표를 진행할 때 발표 내용은 한 번에 하나씩 전달하고 자신이 주장하는 내용을 명확하게 전달하도록 하자. 즉, 청중이 발표자가 말하고자 하는 내용을 쉽게 예측할 수 있도록 배려해야 한다. 일반적으로 사람들은 불안감을 느낄 때 말의 속도가 빨라지고 한꺼번에 많은 양의 정보를 전달하려는 경향이 있다. 발표할 때 자신이 서두르고 있다고 판단되면 원고를 가지런하게 정리한다든지 심호흡을 크게 하는 동작 등을 통해 잠시 여유를 갖도록 하자. 청중은 자신이 흥미 있는 주제에 집중하고 있을 때, 발표자가 잠시 여유를 갖는 것에 대해 부정적인 태도를 보이지 않는다. 오히려 다음 진행될 내용에 대해 더 많은 관심과 흥미를 나타낸다.

넷째, 발표 주제에 대해 발표자 자신이 지극한 관심과 흥미, 열정 등을 가지고 있다는 것을 청중에게 알리도록 하자. 주제에 대한 자신의 관점을 청중들과 함께 공감하고자 하는 의지를 보여주는 것이 중요하다.

다섯째, 발표할 때의 어투는 대화체로 하여 청중이 친밀감을 느낄 수 있도록 하자. 너무 큰 목소리나 작은 목소리, 또는 너무 빠르거나 느리면 청중이 부담을 느낄 수 있다. 적절한 크기와 속도로 의미를 전달하도록 하자. 발표 초반에 아무 설명 없이 어려운 용어나 은어를 사용하는 것은 삼가는 것이 좋다.

여섯째, 가능하면 시각자료의 사용을 극대화하도록 하자. 일반적으로 청중은 말로 설명하는 것보다 시각자료를 통해 이해하는 것을 선호한다. 시각자료를 사용하여 설명할 때 청중의 주의집중도는 더 높아진다. 시각자료가 반드시 도표나 그림일 필요는 없다. 예를 들어, 비타민에 대하여 발표할 경우 복잡한 공식을 도표로 제시하는 것보다 사과 등의 과

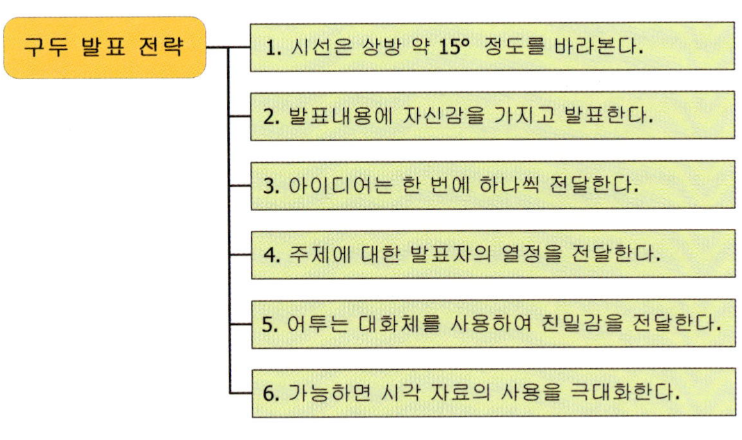

그림 2 ★ 구두 발표 전략 요약

일을 보여주며 설명하는 것이 경우에 따라서는 효과적일 수 있다.

지금까지 효과적인 발표 능력의 함양을 위한 일반적인 전략을 살펴보았다. 그러나 발표 능력은 발표하는 기술보다 발표 내용을 준비하는 과정이 더욱 중요하다는 점을 잊어서는 안 된다.

효과적인 발표 전략

(1) 발표의 도입

발표를 시작하자마자 청중의 관심을 사로잡으려면 다음과 같은 방법을 고려해볼 수 있다.

첫째, 질문을 통해 청중의 관심을 유도하도록 하자. 청중의 대답을 유도하는 질문을 하게 되면 자신이 대답한 것이 맞았는지 알아내려고 더욱 더 경청한다. 예를 들어, 범죄학에 관련된 주제로 발표한다고 가정했을 때, 다음과 같은 질문이 효과적일 수 있다. "아시다시피 동일한 범죄를 목격한 사람들이라고 세부사항들을 똑같이 보는 것은 아닙니다. 따라서 경찰관은 능숙한 심문기술을 갖춰야 합니다. 목격자 면담절차에 대한 다음 다섯 가지 질문에 대답해보세요. … (시각자료 제시) … 답해보셨나요? 제가 도서관에서 조사한 것과 경찰관을 면담하여 얻은 내용을 함께 살펴보겠습니다"와 같은 방법을 통해 청중의 관심을 유도할 수 있다.

둘째, 실생활과 관련된 이야기를 하도록 하자. '어떤 일이 어떤 사람의 인생에 어떻게 영향을 끼쳤는가' 하는 이야기는 대부분의 사람들에게 그 결과에 대해 관심을 불러일으킨다. 예를 들어, 간호학이나 의학 관련 수업에서 질병에 관한 발표를 한다고 가정했을 때, 실제 환자의 사례나 환자를 돌본 경험 또는 환자의 진술 등은 청중들로 하여금 깊은 관심을 유발할 수 있다.

셋째, 어떤 내용과 관련해서는 청중에게 자신의 의견을 피력할 수 있는 기회를 주자. 청중의 관심을 집중시킬 수 있는 방법 중 하나는 주제가 청중 자신의 관심사와 어떻게 관련되어 있는가를 알려주는 것이다. 예를 들어, 심리학 수업에서 '도덕적 발달'에 관해 발표할 때 다음과 같은 질문은 효과적이다. "만약 아무리 속도를 내도 속도위반 딱지를 떼지 않는 날이 있다면 몇 명이나 제한 속도를 위반할까요?" 청중들이 법을 어기는 것에 대해 아무런 양심의 가책을 가지고 있지 않다는 사실을 스스로 깨닫게 하여 자신들의 도덕성과 내재된 기준보다는 처벌에 대한 두려움에 얼마나 더 영향을 받는가를 생각하게 할 수 있다.

넷째, 놀라운 사실이나 역설을 사용하자. 청중을 다소 놀라게 하는 것도 관심을 유도하는 방법 중 하나이다. 예를 들어, 독서습관에 관련된 주제로 발표를 한다고 가정했을 때, 보통 성인들은 일 년에 책을 한 권도 읽지 않는다는 사실과 교사들조차 그 수준을 크게 넘지 않는다는 사실은 청중들로 하여금 아동기의 독서습관이 얼마나 중요한지를 강조할 수 있다.

다섯째, 주제와 관련된 청중의 관심사를 묻고 나열하여 쓴다. 이 전략은 대중매체에서 많이 다루는 논란거리를 활용하는 것이 효과적이다. 예를 들어, 대부분의 사람들은 환경보호라는 주제에 관해 어느 정도의 지식을 가지고 있다. 이러한 경우, 자신의 주제가 '갯벌의 생태계와 환경보호'라고 했을 때 "갯벌의 파괴에 대해 우리가 걱정해야 하는 이유가 무엇입니까?"와 같은 질문을 통해 청중의 의견을 수렴한다면, 청중의 주의를 집중하는 데 매우 효과적이다.

여섯째, 소도구를 사용하자. 효과적인 도입기술 중에는 구체적인 물건이나 소도구를 사용하는 방법이 있다. 로널드 레이건 전 미국 대통령은 경제에 대해 연설할 때 1달러짜리 지폐를 소도구로 사용하여 경제의 중요성을 역설하는 효과적인 전략을 사용했다. 그러나 소도구 사용 여부를 결정할 때는 발표의 형식성 정도를 분석해야 한다. 어떤 소도구의 적합성에 대해 자신하지 못하는 경우에는 교수와 상의하는 것이 좋다.

발표 전략을 계획할 때는 청중의 입장을 항상 고려해야 한다. 듣는 사람의 출신, 성(性), 종교, 또는 어떤 특수한 상황으로 인해 발표 내용이 모욕적일 수도 있다. 특히 남녀차별적인 통계자료나 특정 종교에 관한 비판적인 자료 등은 청중의 특성을 잘 파악한 후 사용하도록 해야 한다. 발표 전략 자체가 청중의 기분을 상하게 하거나 조종하고 있다는 느낌을 주어서는 안 된다. 무엇보다 중요한 것은 발표자는 청중에게 유익한 내용을 성실히 준비했고 준비한 주제에 능통하다는 사실을 잘 전달해야 한다.

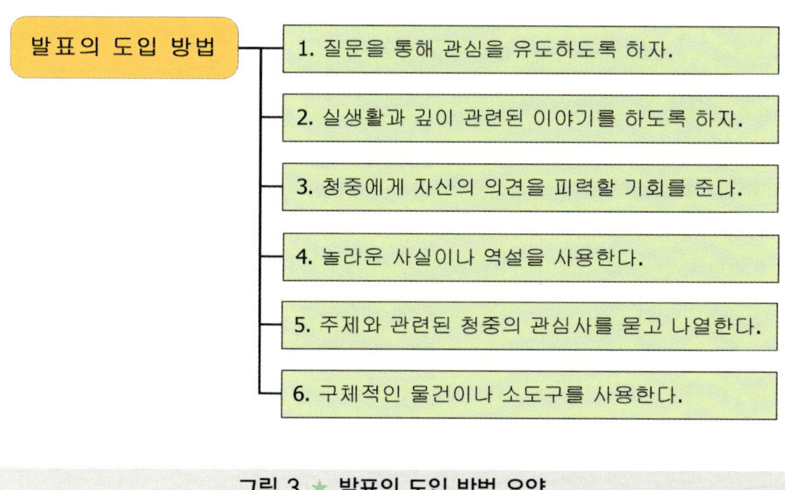

그림 3 ★ 발표의 도입 방법 요약

(2) 발표의 단계적 지침

대학생활을 하는 동안 조별로 발표를 준비해야 하는 경우가 많다. 흔히 학생들은 과제를 받으면 일정을 조정하여 모임을 갖지만, 진행방법을 잘 알지 못해 비효율적인 모임만 되풀이되는 경우가 있다.

조별 모임에서는 일차적으로 역할 분담을 해야 한다. 발표를 성적에 반영하는 수업의 경우, 대부분의 교수는 평가지침을 사전에 공개한다. 좋은 점수를 얻기 위해서는 제시된 지침대로 발표를 준비하는 것이 좋다. 다음은 일반적인 평가표의 예이다.

다음의 상황은 발표를 준비하는 4명의 학생의 조별 활동을 가정하여 발표 준비 및 절차를 예시한 내용이다. 발표 주제는 '기억력' 이다.

영주, 진형, 수진 그리고 호진이는 첫 모임에서 호진이가 공책에 쓴 개요(〈표 3〉 참조)대로 책임을 분담하기로 결정했다.

4월 30일, 조원 4명은 그동안 수집한 기억력 증진에 관한 여러 가지

표 2	발표 평가기준(예)

전공 과제 : 심리학의 이해
여러분들은 지정된 주제에 대해 10~15분짜리 조별 발표를 해야 합니다.
평가는 다음의 평가기준에 의해 평가할 것입니다.

1. 계획 및 준비도   5 4 3 2 1
2. 내용의 정확성과 유용성   5 4 3 2 1
3. 발표의 논리성과 조직   5 4 3 2 1
4. 시청각 자료의 수준   5 4 3 2 1
5. 청중 참여 기회   5 4 3 2 1
6. 발표 자세   5 4 3 2 1

총평 :

자료들을 검토한 후에, '기억력' 이라는 주제를 가지고 같은 과목을 수강하는 동료 청중들에게 유익하면서도 교수의 기대에 부응할 수 있는 발표 내용에 대해 상의했다.

　발표 준비를 해나가는 과정과 회의결과를 맵으로 정리하는 과정을 살펴보도록 하자. 먼저, 주제를 잡은 후 대분류를 '주제 및 일시, 기초작업, 발표 책임 분담, 자료 준비, 다음 모임' 으로 정하고 맵을 그려나간다.
　대분류에 번호를 붙여 좀 더 세분화하여 전개해 나간다. '기초작업, 발표 책임 분담, 자료 준비' 는 모임의 핵심적인 내용이므로 좀 더 관심을 기울여 전개하도록 하자.
　마지막으로 '발표 책임 분담 및 자료 준비' 에 대하여 각 담당자를 결정한다. 그리고 발표 시간에 맞춰 각각의 발표 시간과 담당자의 준비사항들을 기록한다. 다음 모임은 '5월 7일' 수업을 모두 마치고 갖기로 한다.
　[그림 6]은 최종 정리된 회의록 맵이다. 회의록 맵의 목적은 전체 내용

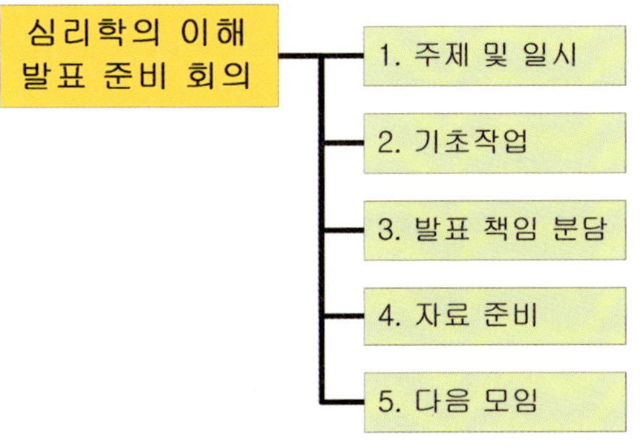

그림 4 ★ 발표 준비 초기 단계 예시

그림 5 ★ 발표 준비 세분화 단계 예시

을 한눈에 살펴 중복되거나 누락되는 내용은 없는지 살펴보는 데 있다.

〈표 3〉은 회의록 맵을 보고 최종 정리된 업무분담 및 계획표이다.

위의 〈표 3〉을 살펴보면 영주는 발표 주제의 소개 부분을 준비했다. 영주는 조 구성원들을 소개하고 각자 발표에서 맡은 역할을 소개하기로 했다. 여기서 발표 전 준비 과정에 관한 소개는 교수와 청중들에게 구성원들이 함께 발표를 준비했다는 사실을 인식하게 하는 데 매우 중요한

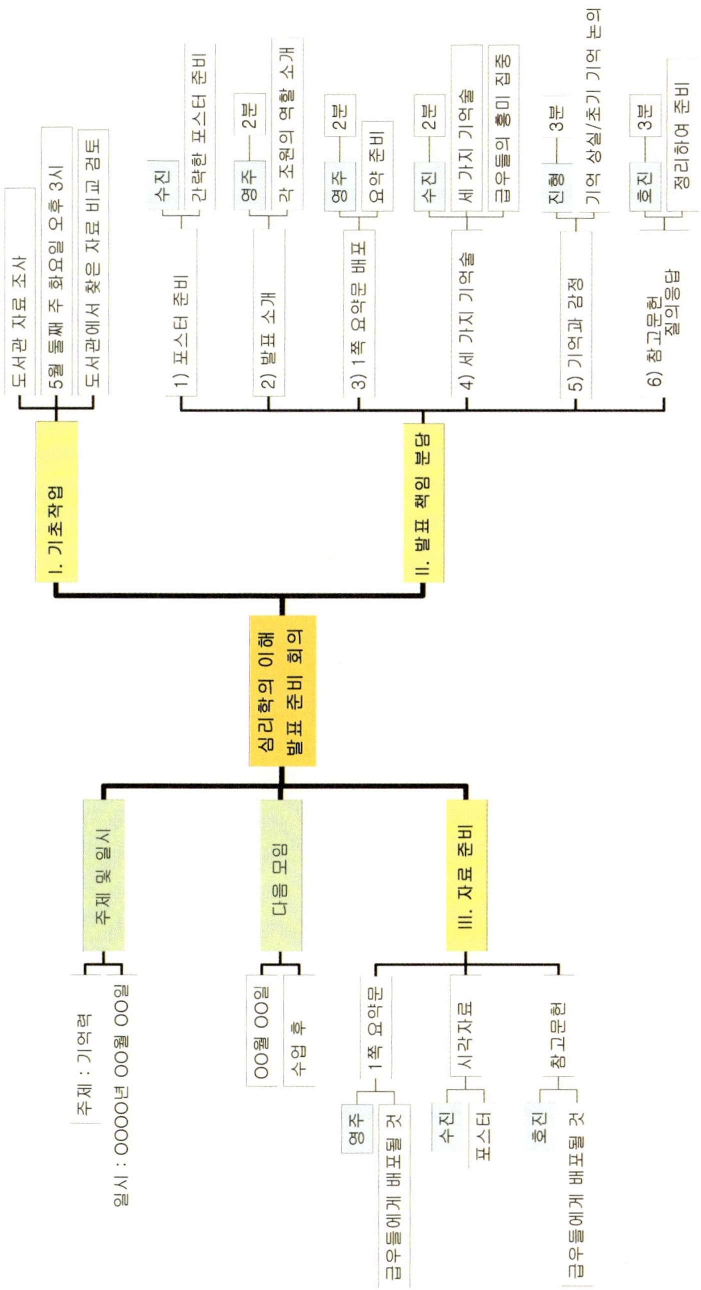

그림 6 ★ 발표 준비 완료 단계 예시

심리학의 이해 발표 준비 회의

일시 : 년 월 일

1. 기초작업

  – 도서관 조사 : 5월 둘째 주 화요일 오후 3시에 모여 각자 도서관 등에서 찾은 자료를 비교 · 검토한다.

2. 발표 책임 분담

  – 포스터 등의 시각자료 준비 : 수진이가 발표에 관한 간략한 포스터를 준비한다.

  – 소개 (2분) : 영주가 각 조원이 맡은 역할을 소개한다.

  – 1쪽짜리 요약문 배포 (2분) : 영주가 요약하여 준비한다.

  – 세 가지 기억술 (2분) : 수진이가 세 가지 기억술을 이야기하여 급우들의 흥미를 집중시킨다.

  – 기억과 감정 (3분) : 진형이가 기억 상실과 초기 기억들에 관해 논의한다.

  – 참고문헌과 질문에 대한 답변 (3분) : 호진가 정리하여 준비한다.

3. 자료 준비

  – 1쪽짜리 요약문 (급우들에게 배포될 것) : 영주

  – 참고문헌 (급우들에게 배포될 것) : 호진

  – 시각자료 (포스터) : 수진

*다음 모임은 5월 7일 수업이 끝난 직후 학과사무실에서

부분이다.

교수와 동료 청중들에게는 발표 준비 과정의 설명도 중요하지만, 준비 과정에서 발표 조가 어떠한 점을 가장 중요하게 여기고 초점을 맞추어 준비했는가를 알려주는 일도 중요하다. 또한 구체적으로 초점을 맞춘 내용이 어떻게 실생활과 연결되었는지를 설명하여 청중들의 주의를 집중시키고 긍정적으로 발표를 듣게 하도록 한다.

진형이가 '기억의 상실과 초기기억'에 관한 발표 주제를 설명하기 전

청중들의 관심을 유도하기 위해 사용한 다음과 같은 방법을 준비했다.

"여러분 중에 컴퓨터나 욕실 거울, 자동차 계기판에 메모지를 붙여서 무언가를 기억하려고 했던 적이 있는 사람은 손을 들어보세요. 이것은 심리학자들이 기억을 증진시키는 한 가지 전략으로 제안한 것일 뿐입니다. 잠시 후 우리가 그 분야를 전공한 저명한 심리학자들의 연구에 기초한 기억력 개선 전략을 말씀드리겠습니다. 좀 더 구체적으로 말하자면 우리가 도서관에서 자료조사를 하는 동안에 발견한 인간 기억력 개선 전략으로 가장 널리 권장되는 세 가지를 여러분들에게 말씀드리겠습니다."

이러한 방법은 아마도 청중들이 관심을 불러일으키는 데 충분할 것이다. 왜냐하면 대다수의 사람들은 중요한 일을 잊어버리지 않기 위하여 메모용 수첩이나 메모지를 사용한 경험이 있기 때문이다. 이러한 실생활과 관련된 발표문은 청중들의 주의를 집중시킬 수 있는 효과적인 방법이다.

수진이는 컴퓨터에서 큰 글씨체를 사용하여 만든 글씨로 발표 내용의 목차를 적은 포스터를 준비하기로 했다. 포스터의 크기는 맨 뒤에 앉은 사람도 볼 수 있을 정도의 크기로 만들고 내용은 기억보조재에 관한 내용을 간략히 정리할 예정이다. 수진의 다음과 같은 발표문은 청중들의 관심을 유도하는데 효과적일 것이다.

"저는 가장 널리 권장되는 기억보조재 중에서 세 개를 설명하고 각각에 대한 구체적인 예를 들겠습니다. 이 포스터는 우리 조가 설명할 기억보조재를 각각 약술한 것입니다. 첫째로, 우리는 기억을 할 때 소수진이가 다소 구체적이지만 포스터를 사용하여 발표한 절차는 청중들로 하여금 각 단계의 소주제가 어떻게 연결되는지를 시각적으로 보여줌으로써 내용을 이해하는 데 도움을 준다.

진형이는 알츠하이머병과 기억상실과 같은 극단적인 기억상실증이 얼마나 불행한 것인가를 사례를 중심으로 준비하여 발표하기로 했다. 가까운 친척의 사례나 우리가 일반적으로 잘 알고 있는 인물의 예를 중심으로 알츠하이머병과 기억상실증에 관해 발표를 준비하였다. 이와 같은 사례중심의 발표 전략은 청중의 관심을 집중하는 데 매우 효과적이다. 가까운 사람의 사례는 청중으로 하여금 정서적인 반응을 유도하여 발표 주제를 긍정적으로 수용하는 효과를 줄 수 있다.

간단한 예를 중심으로 효과적인 발표계획 수립과 준비 과정을 살펴보았다. 모든 발표 준비 과정에 적용되는 것은 아니지만 여기서 중요한 것은 청중의 주의를 집중시키고 배려하는 전략을 수립하는 일이다. 효과적인 발표 준비를 위한 지침을 정리해보면 〈표 4〉와 같다.

1. 청중에 대해 알고 청중에게 자신을 알릴 것

   • 청중의 특징은 무엇인가?

   • 발표할 주제에 대해 청중이 얼마나 알고 있는가?

   • 자신이 발표할 주제를 깊이 있게 생각해왔다는 사실을 청중에게 어떻게 전달할 것인가?

   • 발표하고자 하는 정보가 청중에게 가치가 있다는 사실을 어떻게 전달할 것인가?

2. 청중에게 적합한 주제, 목적, 초점을 정할 것

   • 발표하는 목적이 무엇인가?

   • 청중이 주제에 얼마나 관심이 있는가?

   • 발표 상황이 얼마나 형식적인가?

3. 듣는 입장이 되어 볼 것

   • 내가 듣는 입장이라면 어떻게 말을 해야 흥미를 끌까?

   • 내가 듣는 입장이라면 어떤 질문에 답을 하고 싶을까?

4. 준비를 철저히 하고 신중하게 계획하지만, 자연스럽게 발표할 것

   • 전달하고자 하는 내용을 조직하는 가장 좋은 방법은 무엇인가?

   • 무슨 전략을 사용하여 청중의 주의를 집중시킬 것인가?

5. 다음과 같이 발표를 조직할 것

   • 생각하게 하는 경험을 이야기하여 주의를 끈다.

   • 시각자료를 사용하여 요점을 미리 보여준다.

   • 요점에 대한 적절한 예를 들어주고 시청각자료를 사용한다.

   • 발표하는 내용이 청중에게 어떻게 이익이 되는가를 보여주고, 청중을 적극적으로 참여
     시킨다.

   • 할당된 시간을 지킨다.

   • 발표가 끝난 것을 알리고 나서, 발표목적을 요약하여 말하고 청중에게 질문하라고 한다.

   • 권장도서목록 같은 자료를 청중에게 제공한다.

6. 발표에 대한 평가를 듣고 필요하다면 고칠 것

초조함 극복하기

대학생들에게 '무엇 때문에 발표하는 것이 두려운가'를 물으면 가장 흔한 대답이 다음 네 가지다. 첫째, 말하려는 내용을 잊어버릴 것이라는 두려움, 둘째, 불안하게 보여 평가를 나쁘게 받을 것이라는 두려움, 셋째, 실수를 할지도 모른다는 두려움, 그리고 넷째, 질문에 답변을 하지 못할 것이라는 두려움 등이다.

이러한 두려움을 극복할 수 있는 몇 가지 전략을 알아보자.

첫째, 발표 내용을 잘 기억할 수 있는 계획을 세우자. 전문발표자들은 모든 내용을 외우려 하지 않고 발표 의도나 발표의 기본 요소, 그리고 요지를 전달하는 방법을 통하여 발표를 계획한다. 전문가들은 그런 방법으로 철저하게 준비하지만, 아주 자연스럽게 들린다. 능숙한 발표자들은 시각자료를 사용하여 청중들에게 발표 내용의 주요 요소를 전달한다. 그런 시각자료는 핵심을 기억하는 데 도움이 된다.

둘째, 침착하게 보이도록 하자. 만일 손이 떨릴 것이 걱정된다면 발표 내용을 요약한 카드, 연단의 모서리 등을 잡고 있으면 된다. 목소리가 떨릴 것이 두렵다면 컵에 물을 담아놓고 조금씩 자주 마시면 된다. 심호흡 또한 큰 도움이 된다. 사람들은 초조할 때 호흡을 깊이 하지 않고 얕게 하는 경향이 있다. 이는 말을 하며 호흡을 하게 되어 목소리가 떨리게 되는 것이다.

또한 사람들은 불안하면 얼굴을 찡그리게 되는데, 이러한 경우 상쾌한 꽃향기를 맡고 있다고 상상하면 편안한 표정으로 바뀐다. 청중과 시선이 마주쳤을 때 시선을 피하거나 아래를 바라봐서는 안 된다. 교실 뒷벽을 훑어봄으로써 관중들을 바라본다는 인상을 주는 것이 효과적이다. 또는 발표 내용에 관심을 가지고 열심히 듣는 청중 서너 명을 찾아서 그들과 시선을 마주치면 된다.

불안이나 초조 같은 심리를 극복하려면 자신의 불안함을 전체적으로 보려고 노력해야 한다. 발표를 할 때는 자기 자신보다 발표 내용과 관중들에게 집중해야 한다.

셋째, 실수에 잘 대처해야 한다. '넘어지면 어떻게 하지?' '목소리가 나오지 않으면 어떻게 하지?' '청중이 나의 외모를 어떻게 평가할까?' 등 온갖 걱정에 휩싸이지 말자. 물론 이런 일들이 생길 수도 있다. 그러나 그럴 가능성이 매우 적기 때문에 걱정하는 것이 별 의미가 없다. 만약 실수를 했다면 잠시 멈추었다가 미소 짓고 계속 진행하면 된다. 예를 들어, 발표 내용 중 통계수치를 잘못 이야기했을 때는 즉시 잘못을 시인하고 청중에게 양해를 구한 뒤 그대로 발표를 진행하면 된다. 그 순간을 재치 있게 넘기거나 재미있는 말을 해야 한다는 압박감에서 벗어나야 한다.

또한 준비한 도표가 칠판에서 떨어지거나 잘 붙지 않을 때는 앞에 앉은 청중에게 잠시만 들고 있어 달라고 부탁하면 어색한 분위기를 오히려 청중이 참여하는 긍정적인 분위기로 반전시킬 수 있다. 대부분의 청중은 실수 자체를 가지고 발표 내용을 평가하지는 않는다. 가능한 한 실수를 하지 않아야겠지만, 어쩔 수 없이 실수를 저질렀을 때는 그 상황을 잘 무마시키면서 유머감각을 잃지 않는 것이 효과적이다.

넷째, 질문은 자신 있게 받도록 하자. '질문을 받았는데 답변을 못하면 어떻게 하지?' 가장 흔한 발표자의 걱정거리다. 물론 발표 내용을 철저히 준비해서 어떤 질문에도 막힘 없이 답변하는 것이 이상적이겠지만, 예상하지 못한 질문을 받았을 때는 청중에게 그 질문을 다시 하여 위기를 모면하는 것도 좋은 방법 중 하나다. 예를 들면, "제가 그것(질문에 관련된 것을 언급함)을 읽었지만 그런 특정한 측면에 대한 정보를 발견하지 못했습니다"라고 말하고 그 질문을 청중에게 다시 한다. "혹시 이것에 대해 알고 계신 분 있으세요?"라고 청중의 감정에 호소하면, 단지 "모르겠는데요"라고 말하거나 알지도 못하면서 아는 척하는 것보다 훨씬 긍정적인 효과를 얻을 수 있다. 이런 경우 대부분 교수가 도와주게 마련이다. 또는 "저도 그 부분이 흥미롭게 여겨집니다. 제가 더 조사해보고 다음 시간에 알려드리겠습니다"라고 말하고, 다음 시간에 대답을 준비하여 알려주는 것도 좋은 방법이다. 다음의 〈표 5〉를 숙달해보자.

| 표 5 | 질문에 답하는 일반적인 방법 |

1. 발표 후에 질문이 제시되기를 기다리기보다는 발표하는 동안에 질문을 예상하고 있다가 대답한다.
2. 질문의 내용을 확실히 이해해야 한다. 필요하면 질문 내용을 다시 물어볼 수도 있다. (…라고 말씀하신 건가요?)
3. 질문의 내용을 모든 사람이 다 듣지 못할 경우에는 질문 내용을 청중에게 다시 말해주고 질문에 대한 답을 한다.
4. 질문을 표면적으로만 듣지 말고 그 속에 담긴 의도를 파악해야 한다.
5. 가능한 한 짧게 답해야 한다.
6. 중요하지 않으면서 대답하려면 오랜 시간이 걸릴 질문이 나오면 정중하게 나중에 논의하자고 말한다. (예, 매우 흥미로운 생각입니다. 다른 발표자들이 자기 차례를 기다리고 있으므로 당장 여기서 논의할 수 있는 것은 아니라고 생각합니다. 수업이 끝난 후 그것에 대해 얘기하면 좋겠습니다.)
7. 대답할 수 없는 질문을 받았을 경우에는 "…했지만/ …했어요"라고 말하고, "예, …에 대해 책을 읽었지만 구체적으로 …을 다루는 내용을 보지 못했습니다"라고 말한 후, 그 질문을 청중에게 돌리거나 "…하신 분 계세요?" "다음 시간에 알아다 드리겠습니다"라고 한다.

질문 유형	답변의 초점	예시
"…해야 하나요?"	'예/아니오'로 대답을 요구함.	"예, 대학생들을 상대로 연구한 결과에 의하면 이런 집단활동에 참여하는 것은 학업성취에 긍정적인 영향을 미치기 때문에 스터디그룹을 만들 수 있고, 만들어야 합니다."
"…하는 다른 방법이 있나요?"	나열해 주기를 요구함.	"교육의 기회를 평등하게 주는 전략 세 가지는……."
"…에 대해 좀 더 말씀해주실 수 있으십니까?"	짧게 요약한 후에 자세하게 설명해주기를 요구함.	"예, 제가 앞에서 언급한 대로 평균이라는 말이 애매하죠. 사람들의 평균적인 건강수준이 증가되었다 해도 전반적인 향상보다 일부 매우 건강한 사람들 때문에 평균적인 건강수준이 올라갈 수 있거든요. 다시 말해서, 열성적으로 건강을 가꾸는 사람들이 평균을 올릴 수도 있다는 말입니다."
"제 생각에 이것은 단지 또 다른 …인 것 같아요."	감정적인 촌평임. 공감대를 형성한 후 자신의 의견을 확인함.	잠시 멈추었다가 다음과 같이 말한다. "많은 사람들이 시(詩)에 대해 그렇게 느껴요. 저도 그런 식으로 느꼈었는데, 제가 시(詩)에 대해 더 많이 읽고 생각해보니 …라는 사실을 발견했어요."

    구체적으로 질문에 응답할 때는 질문 유형에 어울리는 질문이나 촌평에 응답하려고 노력해야 한다. 〈표 6〉은 질문에 답하는 구체적인 방법이다.

▌발표 평가

    발표가 끝나면 자기의 발표가 어떻게 평가될지 궁금한 것은 당연하다. 평가는 교수가 직접 평가기준을 제시하고 하는 수업도 있고, 학생들이 하기도 하고, 또는 둘 다 하는 경우도 있다.

항상 청중으로부터 건설적인 피드백을 받아 자기 개선에 활용하는 습관을 갖는 것이 중요하다. 잘한 점과 잘못한 점, 그리고 다음에 개선할 점들을 적어보는 습관을 갖도록 하자. 다음은 급우들의 촌평을 읽은 후 자기 평가를 쓴 것이다.

이 학생의 예는 청중으로부터 피드백을 받아 이미 다음 발표를 효과적으로 수행하기 위한 계획을 세웠다. 산업체 교육을 담당하고 있는 전문가나 발표를 전문으로 하는 사람들조차 청중이 바뀔 때마다 자신의 경험으로부터 계속 배우고 있다. 대학생들도 이들 전문가처럼 노력해야 한다. 즉, 발표할 때마다 배우려고 노력하고 긍정적인 태도를 유지하며, 다음 발표의 개선 기회로 삼아야 한다.

다음은 발표 개선을 위한 자기평가 지침에 관한 내용이다. 발표를 수행한 후 스스로 자신의 발표가 효과적이었는지 여부를 점검해보자. 체크가 안 된 부분은 다음 발표를 준비할 때 반드시 보완해야 하는 부분으로 삼도록 하자.

표 7		발표 개선을 위한 자기평가 지침	
분류	전략	항목	여부(∨)
준비도	시작	청중들의 관심을 끌 만큼 준비가 잘된 인상적인 시작이었는가?	
	전략	자료가 제시되는 방법이 청중과 관련되었는가?	
	마감	요점을 강력하게 요약하고 결과를 명확히 진술했는가?	
	시간 준수	할당된 시간 내에 발표를 마쳤는가?	
신빙성	연결	시선접촉 등의 적절한 행동으로 청중과 상호의사소통을 잘했는가?	
	전달	자연스럽게 말의 속도를 유지하고 정확하게 끊어가며 말을 하였는가?	
	강도	성실, 열정, 확신을 보여주었는가? 목소리의 강약은 어떠했는가?	
태도	용의	용의가 단정한가? 물리적 환경(조명, 시청각 자료 위치 등)을 조성했는가?	
	자세/제스처	자신감 있는 자세, 자연스런 걸음걸이, 자연스런 제스처를 사용했는가?	
	원고/시각자료	원고가 매끄럽고, 시각자료를 잘 준비하고 전문적으로 관리하였는가?	
내용	분석	주제가 독창적이고 재미있게 접근했는가? 중심내용과 목표가 명확했는가?	
	자료	요지를 뒷받침할 만큼 충분한 사실, 예시 등을 제시했는가?	
	조직	도입, 전개, 결론을 포함하고 생각을 논리적으로 잘 전개했는가?	

'인간복제와 삶의 윤리문제'를 주제로 수업 발표 과제가 나왔다. 발표지침을 살펴보니 분량은 A4용지 2~3장 정도이며, 파워포인트 슬라이드 10장 내외로 작성해야 한다. 그리고 10분간 발표한 후 질의응답 시간을 5분 정도 갖는 것으로 되어 있다. 발표 준비를 하기 위해 도서관에 가서 몇 권의 참고서적을 골라 읽고, 『전갈의 아이』라는 책의 내용을 정리해서 발표하기로 했다. 다음은 책을 읽고 작성한 내용 요약 문서의 일부분이다.

1997년 복제양 돌리의 등장은 우리에게 복제라는 것이 먼 미래의 것이 아니라 우리 가까이에 왔음을 알려주었다. 그 후로 우리는 복제가 무엇이고, 앞으로 우리의 삶을 어떻게 바꿔놓을지에 대해 논의하기 시작했다. 이 같은 논의들은 끊임없이 계속되어 왔는데, 황우석 박사의 줄기세포 배양에 관한 연구 이후 복제에 대한 관심이 높아짐에 따라 더욱 활발해지기 시작했다. 이런 논의 속에서 가장 논란이 되었던 것은 인간의 존엄성과 같은 윤리적인 측면에서의 문제였다.

『전갈의 아이』에서는 이렇게 논란이 되고 있는 복제에서의 윤리적인 측면의 문제를 다루고 있다. 다른 사람에게 여분의 장기를 공급하기 위해 만들어진 복제된 소년 '마트'를 등장시켜 그 아이가 자라며 겪는 혼란과 고통스러운 삶을 조명하고 있다. 이를 통해 우리에게 '복제인간을 금지해야 할 것인가, 허용해야 할 것인가?' '만약 허용한다면 복제인간을 진정한 인간으로 볼 것인가?'와 같은 문제들에 대해 진지하게 생각해 보도록 하고 있다. … (후략)

요약 맵 만들기

먼저, 요약 문서의 목차를 맵으로 정리한다. 대분류를 'O. 발표자' 'I. 들어가며' 로 시작하고, 'IV. 나오며' 로 마무리한다. 'II. 클론으로의 삶' 과 'III. 마트로서의 삶' 은 책의 내용을 요약하여 정리한다.

다시 요약 문서를 읽으면서 주요 '핵심 단어' 와 '핵심 문장' 을 추려 낸 다음, 가지들을 세분화시켜 다음과 같이 마무리된 요약 맵을 만든다. 이 과정이 끝나면 발표용 PPT 슬라이드를 만들어야 한다.

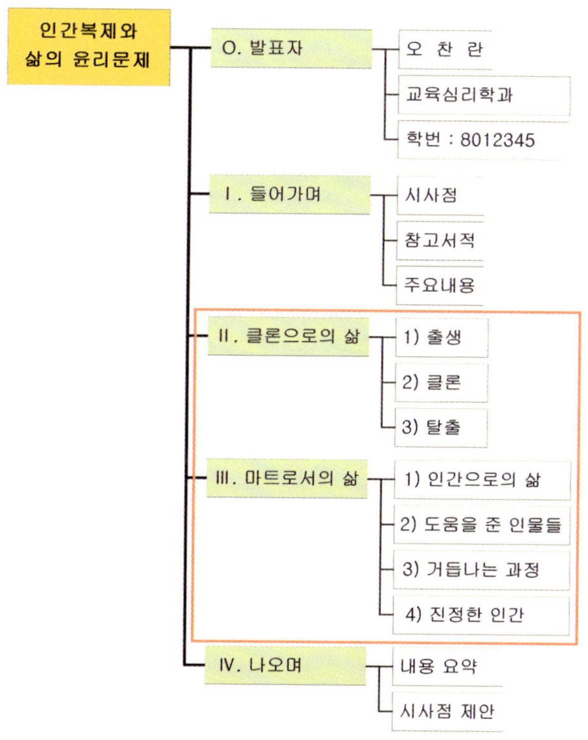

그림 7 ★ 요약 맵 준비 단계 예시

인간복제와 삶의 윤리문제

0. 발표자 및 목차
오 찬 란
교육심리학과
학번 : 8012345
2008년 3월 21일
목차
Ⅰ. 들어가며
Ⅱ. 클론으로의 삶
Ⅲ. 마트로서의 삶
Ⅳ. 나오며

Ⅰ. 들어가며
시사 : 인간복제 금지인가 허용인가?
제목 : 전갈의 아이
낸시 파머 글
백영미 옮김
비룡소(2004년)
주제 : 복제에서의 윤리적인 측면의 문제
내용 : 복제된 소년 마트의 혼란과 고통

Ⅱ. 클론으로의 삶
1) 출생
과학자
에두아르도
과학기술 발전에 찬탄
엘 파트론 -> 암소 이식 -> 태아 -> 마트
지능을 파괴하지 않았다는 사실
마트를 인간이 아닌 짐승으로 여김
2) 클론
도구
자신의 존재를 알게 되는 큰 고통
'알라크란 가의 자산'이라는 글귀
알라크란 가가 소유하고 있는 물건
엘 파트론의 클론-장기 이식 목적
짐승
스티븐과 에밀리아, 로사
수의사, 멘도자 상원의원
마트를 짐승으로 여기며 경멸
3) 탈출
엘 파트론의 보호 겉으로 편안한 삶
인정받기 위해 미친 듯이 공부에 몰두
엘 파트론의 심장에 이상으로 사망
셀리아가 마트에게 비소를 먹임
탬 린의 도움으로 아즈틀란로 감

Ⅳ. 나오며
복제인간이 인간으로 살아간다는 것이 가능한 것일까?
마트를 엘 파트론의 자리에 옮겨 놓음
복제인간을 진정한 인간으로 간주
이 책에서는 복제인간을 허용

Ⅲ. 마트로서의 삶
4) 진정한 인간
그토록 바라던 마리아와 만남
원본이 사망, 복사본이 그 자리를 대신
엘 파트론이 되어 다른세상을 만듦
부적절한 상황 개선, 자신 의지 실현
3) 거듭나는 과정
친구, 마리아의 엄마
진정한 정신적 성장
두 번째 삶
삶의 구분
유년, 중년, 노년, 14세
신체/정신적 성장
첫 번째 삶
진정한 인간으로 거듭나는 과정
알라크란
아즈틀란
장소 변화
알라크란
클론이라는 존재를 인식하게 되는 고통의 과정
2) 도움을 준 인물들
차초
피델리토
자신을 인정해 주는 친구
톤톤
마트가 사랑하는 여인
아즈틀란에서 힘든 고통을 견딤
마리아
아빠와 같은 존재
마트를 지키라고 보내 준 경호원
동등한 인간으로 대해 줌
탬 린
엄마와 같은 존재
나의 생명이라는 뜻인 '미 비다'
셀리아
1) 인간
마트를 귀족이라 부르며 꺼려함
자신이 인간이라는 것을 인식하지 못함
사람들과 동등한 인간으로 살아 행복
클론이 아닌 진짜 자신을 소개
'마트 오르테가'라는 새로운 이름

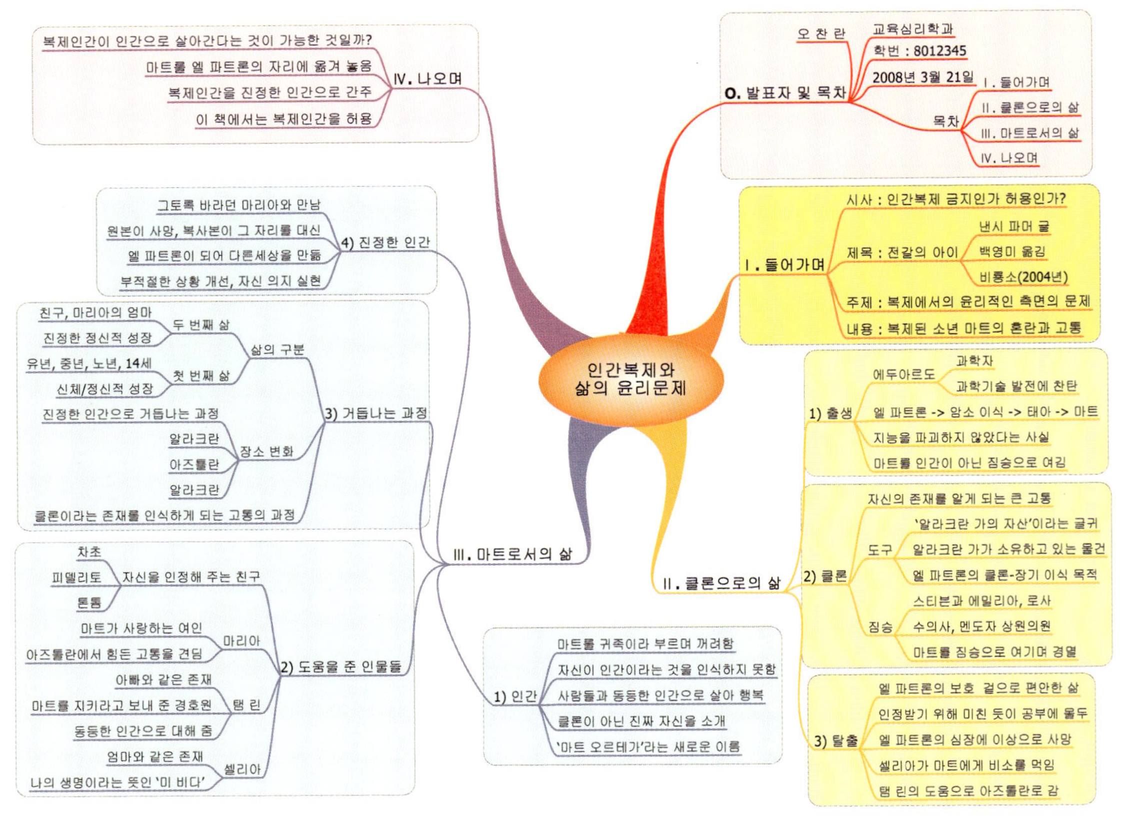

그림 8 ★ 요약 맵 - ②

 한 장의 슬라이드에 너무 많은 내용이 들어가면 안 된다. 한 장의 슬라이드에 하나의 주제를 정하고, 한 줄의 문장에는 하나의 개념만을 담아야 한다. 슬라이드에 발표 내용을 적절히 배치하기 위해 요약 맵을 분리한다. [그림 8]에 표시된 10개의 영역을 참조하라.

 이제, 파워포인트를 준비하여 다음의 단계에 따라 프레젠테이션 자료를 만들어보자.

 첫째, '슬라이드 마스터'를 통해 전체 슬라이드의 폰트, 색상, 글머리 형식 등을 결정해야 한다. 각 슬라이드가 통일되지 않으면 산만한 느낌

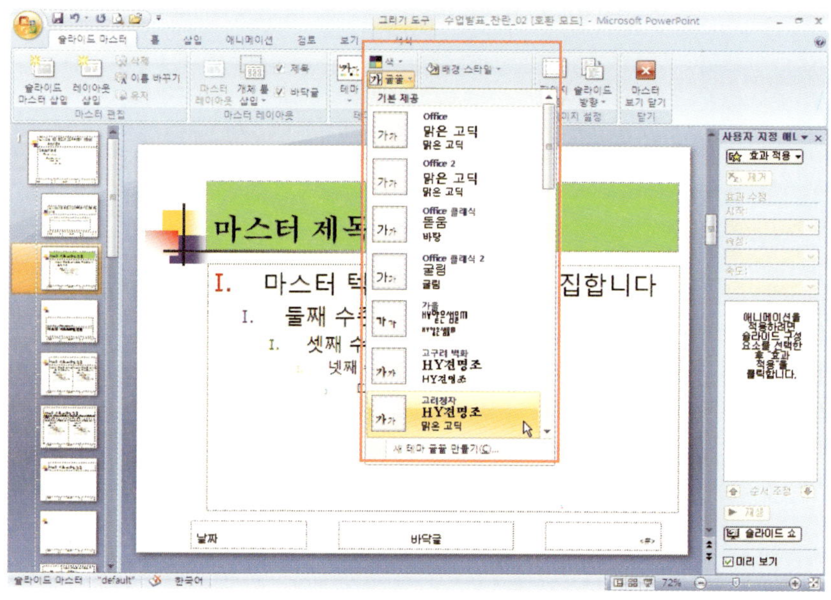

그림 9 ★ 글꼴 바꾸기

을 준다. '슬라이드 마스터'를 활용하면 발표자료의 전체 내용을 일관되게 조절할 수 있어 편리하다. 다음은 본문 슬라이드 '마스터 제목'의 글꼴을 결정하는 화면이다. 굴림체에서 'HY견명조'로 바꾼 것인데, 같은 방법으로 폰트 크기와 색상 등도 바꿀 수 있다.

'마스터 제목'의 폰트 크기는 약 36~44 정도가 적당하며, 28 이하는

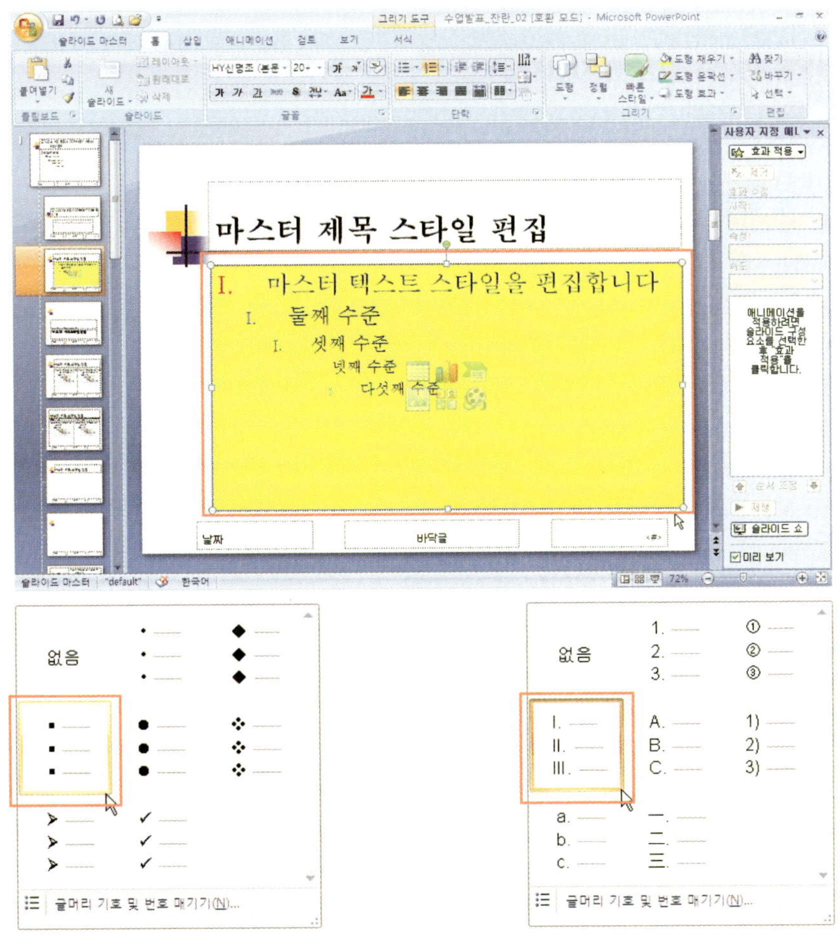

그림 10 ★ 글머리 스타일 바꾸기

사용하지 않는 것이 좋다. 마스터 제목의 폰트가 너무 작으면 발표할 때 시선을 집중시키기 어렵기 때문이다.

다음은 '슬라이드 마스터'로 본문의 각 수준별 내용에 대하여 글머리 스타일과 번호를 결정하는 장면이다. 각 수준별 폰트의 크기는 4씩 줄 어들도록 기본 설정이 되어 있다.

둘째, '슬라이드 마스터'로 전체적인 손질이 끝나고 나면 내용을 입력 해야 한다. 앞서 분류한 요약 맵을 보고 기본 텍스트를 입력한다. 다음은 텍스트를 모두 입력하고 난 다음 '여러 슬라이드 보기'를 한 화면이다.

셋째, 각 슬라이드에 시각적인 도움을 줄 수 있는 이미지나 표, 도형 을 넣어 최종 발표자료를 완성한다. 다음은 슬라이드의 배경과 장면에 도움이 될 수 있는 적절한 이미지를 찾아 삽입한 화면이다.

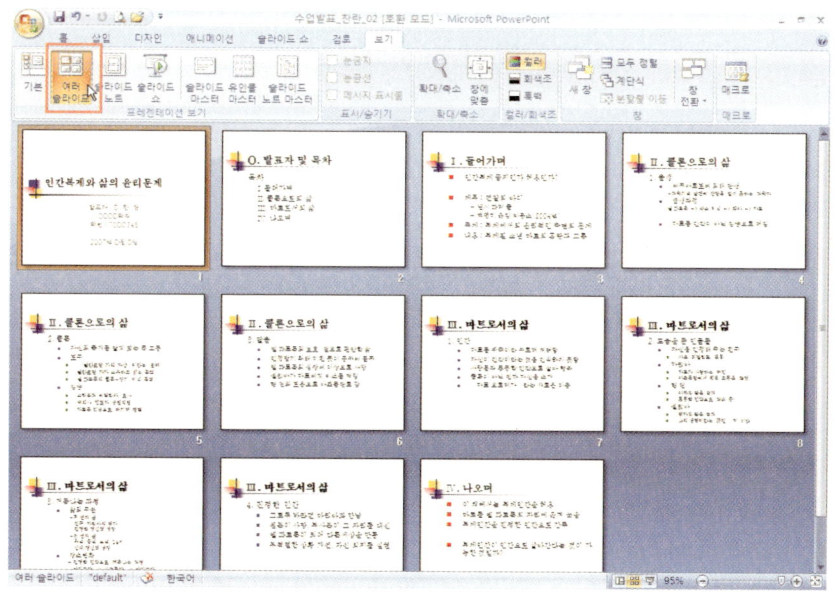

그림 11 ★ **슬라이드 보기**

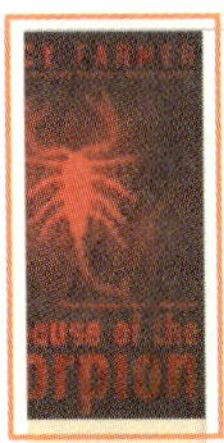

II. 클론으로의 삶

- I. 출생
  - 에두아르도에 의해 탄생
    - 과학기술 발전에 찬탄을 금치 못하는 과학자
  - 출생과정
    - 엘파트론 -> 암소 이식 -> 태아 -> 마트

  - 마트를 인간이 아닌 짐승으로 여김

그림 12 ★ 이미지 삽입

넷째, 좀 더 효과적인 장면 연출을 위해 애니메이션을 설정하고 슬라이드 만들기를 시작한다. '애니메이션 사용자 정의' 기능을 사용하여 마우스를 클릭하여 '마트'의 이미지가 천천히 '흩어 뿌리기'가 되도록 설정한 화면이다. 적절한 소리 효과를 주어도 도움이 된다. 너무 많은 애니메이션과 소리 효과는 오히려 시선을 분산시킬 수 있으므로 유의해야 한다.

다섯째, 슬라이드 디자인을 결정해 보도록 하자. 메뉴에 있는 '디자인탭'을 클릭한 다음, 준비된 슬라이드 예시 위에 마우스를 올려놓기만 해도 슬라이드의 디자인을 바꿀 수 있다. 아래의 두 장면을 참조하여 다양한 디자인을 적용시켜 보고, 주제와 어울리는 디자인을 찾아보도록 하자.

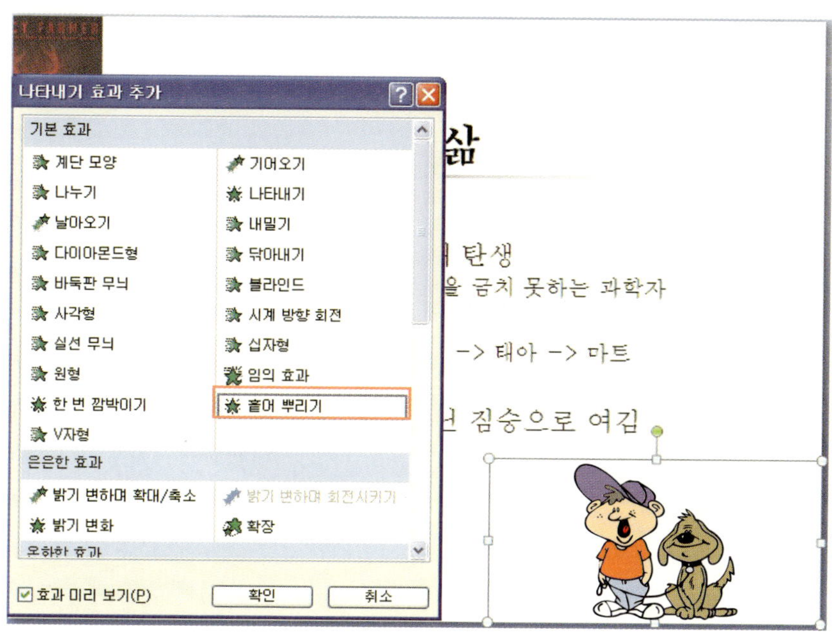

그림 13 ★ 애니메이션 설정

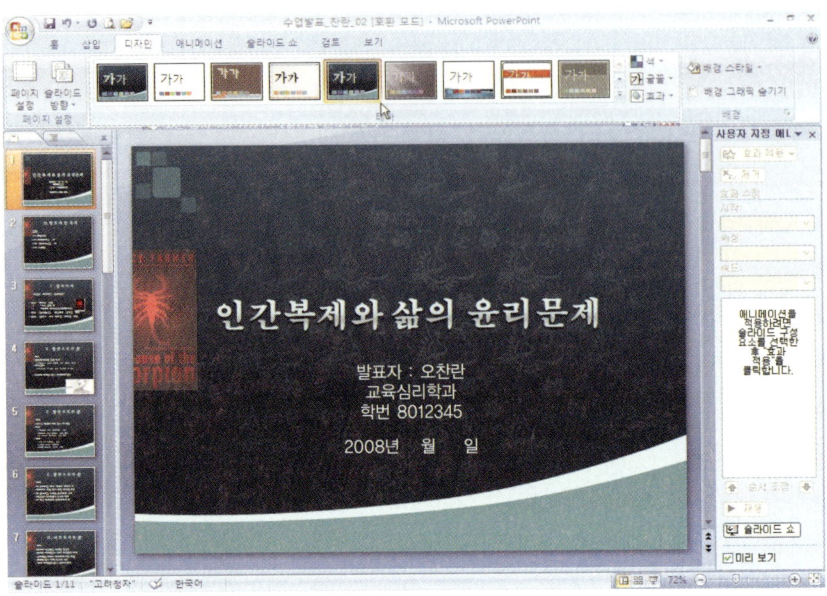

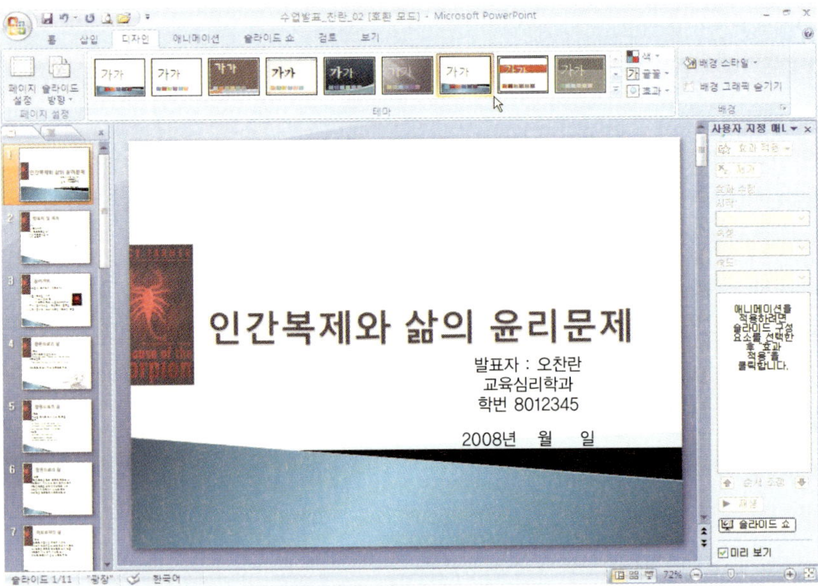

그림 14 ★ 슬라이드 디자인

유인물과 보조자료 만들기

유인물 마스트를 이용하면 필요에 따라 2, 3, 4, 6, 9장으로 각각 출력이 가능하다. 다음은 유인물로 출력하기 위해 A4용지 한 장에 슬라이드 두 장이 인쇄되게 설정한 화면이다. 이렇게 출력하면 보기도 적당하고 용지도 아낄 수 있다.

발표할 때 발표자가 참조해야 할 자료도 꼭 챙겨야 한다. 다음과 같이 한 페이지에 3장씩 출력되게 만들어 인쇄를 해보자. 인쇄된 용지를 보면 왼쪽에 슬라이드가 배치되고, 오른쪽에는 노트를 할 수 있도록 출력된다는 것을 알 수 있다. 슬라이드에 담지 못한 내용을 적어두어 보충설명 자료를 활용하면 된다.

그림 15 ★ 유인물 만들기

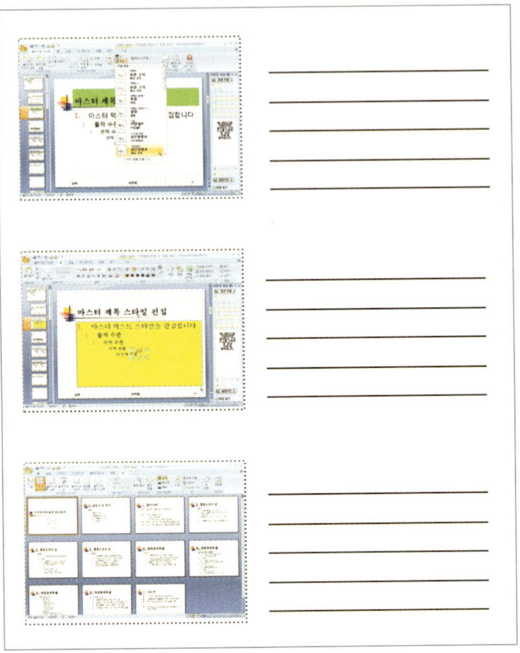

그림 16 ★ 발표 자료 만들기

마지막으로, 발표 전략 1단계에서 작성한 [그림 8]의 '요약 맵'을 같이 준비한다면 금상첨화다.

요약 맵은 발표의 전체적인 흐름을 잡는 데 도움을 준다. 예를 들어, 발표 도중에 전체 내용 중 어디쯤에 해당하는 내용을 설명하고 있는지를 보여준다. 또 발표의 시간을 적절히 조율할 수 있도록 도와준다.

요약 맵의 활용가치는 매우 높다. 발표 도중 전체를 조망할 수 있고, 다음 단계에 무엇을 말해야 하는지 등을 알려주기 때문이다. 요약 맵을 유인물로 나누어주는 것도 좋은 방법이다.

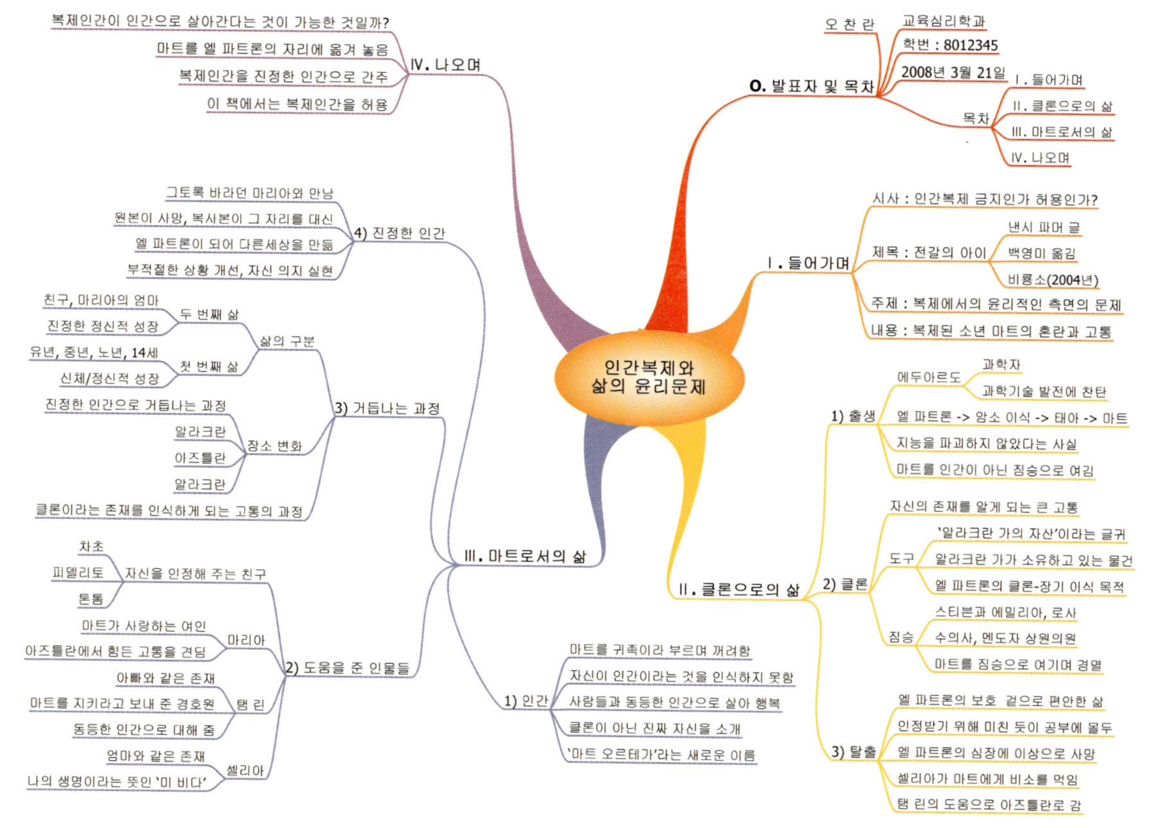

그림 17 ★ 발표 자료 만들기 – 요약 맵

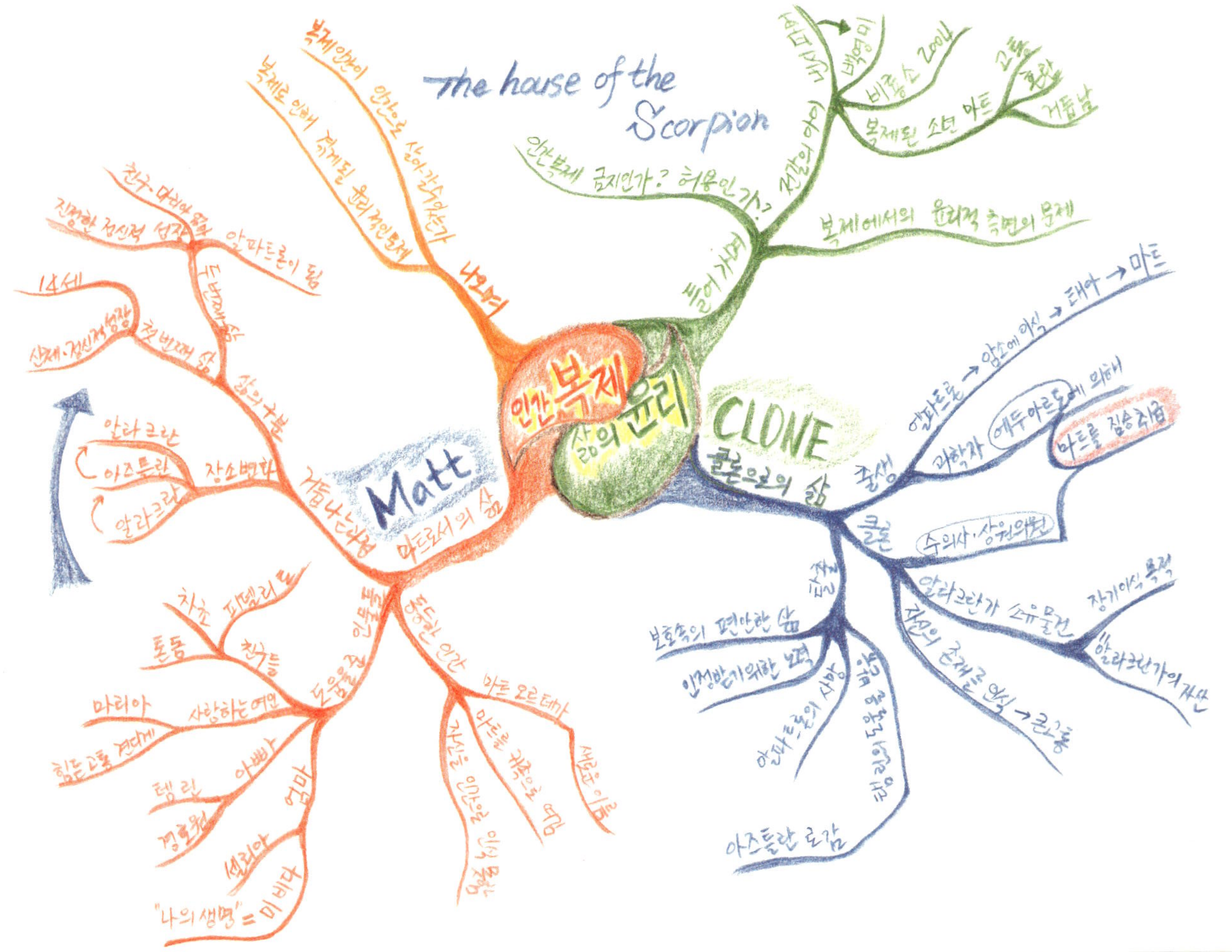

그림 18 ★ 발표 자료를 마인드맵 형식을 활용, 손으로 직접 그린 예시

면접관을 사로잡는 자기소개서 작성의 기술

지피(知彼), 즉 상대를 이해한다는 것은 매우 중요하다. 상대를 모른다면 어떻게 배려할 수 있겠는가? 입사 희망 기업의 채용 담당자는 어떤 사람을 찾고 있을까? 채용 담당자의 고민을 이해할 필요가 있다.

졸업을 앞둔 선배들의 표정을 보면 근심이 가득하다. 요즘 '이태백'이라고 하여 이십대 태반이 백수라는데 나도 그 중 하나가 되면 어쩌나 하는 생각이 불현듯 엄습해왔다. 어떻게든 취업 준비를 해야 할 것 같아 고민하던 중 취업정보센터에서 실시하는 취업 특강 수강 안내가 눈에 들어왔다. 기업의 인사 담당자가 직접 나와 자기소개서와 면접 방법 등을 강의한다고 써 있다. 늘어선 줄을 보니 이미 많은 신청자가 몰린 것 같다. 신청서를 작성하고 받은 유인물을 보니 자기소개서를 상세하게 써오라는 것이다.

집으로 돌아오는 내내 나의 과거를 돌아보며 자기소개서에 담을 내용을 정리해보았다. 어학연수도 다녀왔고 정보처리사 자격증도 따냈다. 그러고 보니 나도 꽤 능력 있는 사람이라는 생각이 들었다. 집에 돌아온 나는 별 어려움 없이 자기소개서를 작성했다. 그런데 다시 읽어보니 우리 집안 자랑만 해놓은 것 같기도 하고 그냥 좋은 말만 늘어놓은 것 같다. '가만 있자, 그런데 내가 도대체 어떤 회사에 지원을 하는 거지?' '나에 대해 써놓은 내용이 정말 회사에서 요구하는 능력일까?' 이런 생각이 들자 갑자기 머리가 텅 빈 느낌이다.

1. 한 번에 붙는 자기소개서 작성법

먼저 취업을 위해 작성한 자기소개서의 일부분을 살펴보자. 성장과정과 가족소개로 시작하는 전형적인 자기소개서의 형태다. 소개서를 쓴 사람은 상대방에게 무엇을 말하고 싶은 것일까?

[성장과정 및 가족소개]

　지리산과 쌍계사로 유명한 경남 하동에서 태어난 저는 언제나 가족들을 위해 노력하시는 아버지를 통해 자신의 임무에 항상 충실한 책임감을 배웠으며, 따뜻하고 너그러운 마음으로 가족들을 사랑하시는 어머니를 통해 다른 사람을 배려하고 봉사하는 태도를 배우면서 성장하였습니다. 어린 시절부터 집안의 장녀로서 동생들과 가족들을 돌보며 자신의 것만을 고집하기보다는 다른 사람들과 화합하는 방법들을 자연스럽게 터득하였던 저는 작은 일이라도 솔선수범하는 자세를 가지게 되었습니다. 그리고 이러한 가정환경은 훗날 제가 성인이 되어서도 자신의 일은 스스로 책임지고 수행하는 데 커다란 도움이 되었다고 생각합니다. … (후략)

　자세히 들여다보면 작성자의 의도가 보인다. '책임감' '배려와 봉사' '화합과 솔선수범' 등을 얘기하고 있다. 이 요소들은 사회생활에 있어서 매우 중요한 부분들이다. 하지만 채용 담당자의 입장을 고려하지 않았다는 것이 문제다.

　가족들을 위해 노력하고 사랑하지 않는 부모가 어디 있겠는가? 그러나 기업의 미래를 위해 유능한 인재를 뽑는 채용 담당자의 입장에서 보면 읽을 가치를 느끼지 못하는 내용이다. 아예 보지도 않고 버리게 될지도 모른다. 다음은 모 기업체의 채용공고 중 일부분이다. '채용절차 및 지원서류' 부분을 잘 살펴보자.

[채용조건]
- 연봉 : 업계 상위수준으로 협의합니다.
- 주 5일 근무
- Fitness Center, 석식 제공, 연차 등

[채용절차 및 지원서류]

– 지원서류 : 이력서 및 자기소개서(이력서 및 자기소개서 형식은 자유)

지원자의 '가족사항'과 '성장배경'에는 관심이 없습니다.

자기소개서는 전공 분야와 관련된 자신의 능력을 중심으로 작성해주십시오.

– 제출기한 : ~11월 24일까지

채용 담당자는 '가족사항과 성장배경'에는 관심이 없음을 밝히고 있다. '자기소개서'는 채용 담당자와 지원자가 서로 만나지 않고 문서로 대화하는 의사소통의 수단이다. 지원자는 절박한 마음으로 자기소개서를 쓰겠지만 읽는 사람은 그렇지 않다. 소설책을 보듯 여유롭게 읽지 않는다는 것이다. 따라서 두 사람의 의사소통은 제목과 몇 줄의 도입 부분에서 승부가 나게 마련이다.

그렇다면 자기소개서는 어떻게 작성해야 하는가? 자기소개서 작성에도 전략이 필요하다. 전략 없이 접근했다가는 100% 실패할 수밖에 없다. 다음의 각 단계에 따라 자기소개서 작성을 시작해보자.

① 대상 분석하기
② 나에 대해 분석하기
③ 대상과 나를 융합하기
④ 자기소개서 작성하기

'지피(知彼)', 즉 상대를 이해한다는 것은 매우 중요하다. 상대를 모른다면 어떻게 배려할 수 있겠는가? 입사 희망 기업의 채용 담당자는 어떤 사람을 찾고 있을까? 채용 담당자의 고민을 이해할 필요가 있다.

기업체의 홈페이지를 꼼꼼히 살펴보자. 회사의 인재상이나 경영철학, 주력 분야 및 상품군 등의 일반적 정보와 기업문화를 파악하는 데 주력하자. 그리고 해당 기업에 관련된 언론 보도자료를 조사하여 기록한다. 이 자료들은 면접에서도 힘을 발휘할 매우 소중한 정보들이다.

이제 본격적으로 대상분석에 들어가보자. 다음은 온라인 게임업체에

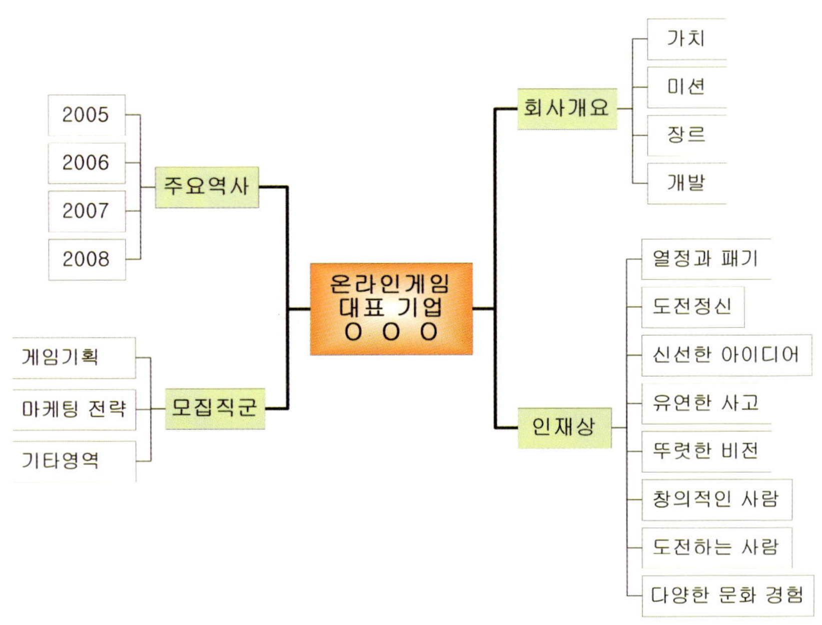

그림 1 ★ 지원회사 분석 준비 예시

취업을 희망하는 학생이 홈페이지를 통하여 회사의 정보를 요약·정리
해 나가는 과정이다. 대분류를 '회사의 개요' '모집직군' '인재상' '회
사의 역사' 로 정하고 분석을 시작한다.

모집직군 중 일하고 싶은 희망 부서는 '게임기획'과 '마케팅 전략'

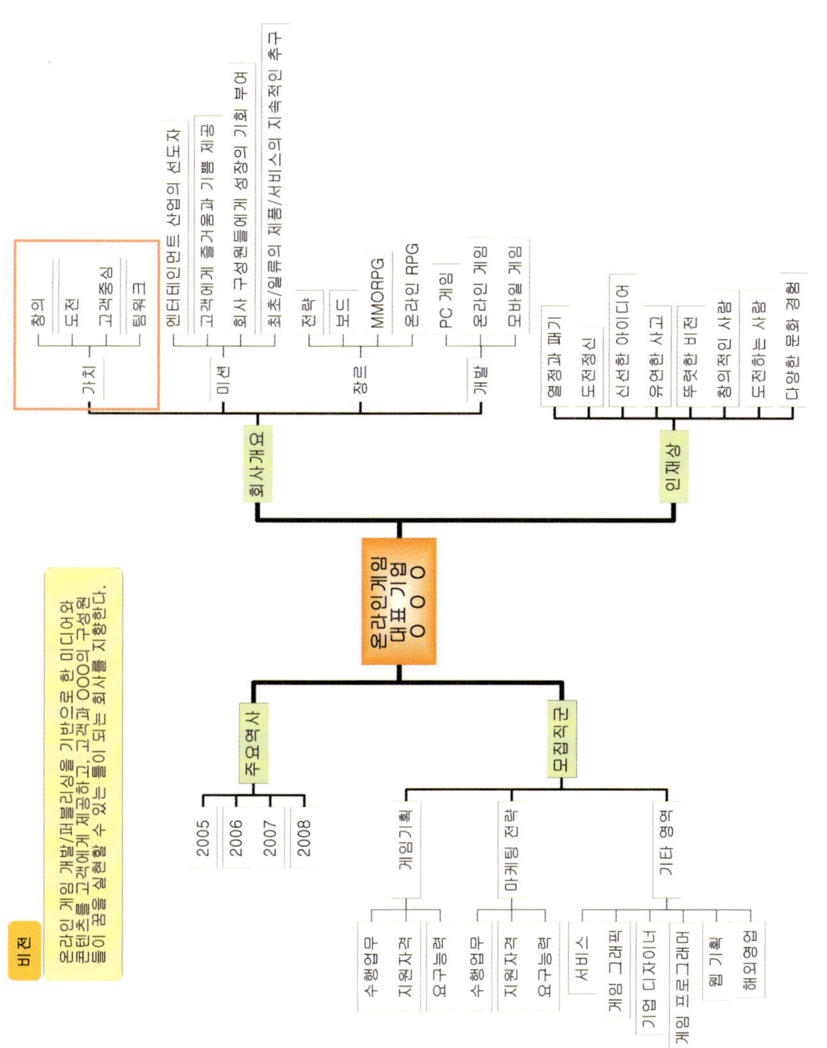

그림 2 ★ 지원회사 분석 전개 예시

부서다. 먼저 회사가 추구하는 가치, 비전을 중심으로 정보를 정리해보자. 회사개요 중 '가치' 부분에 주목해서 볼 필요가 있다.

자기소개서가 이 '가치'에 적합하게 작성되었는가에 따라 다음 단계의 면접을 보느냐, 아니면 휴지통으로 들어가느냐가 결정된다. 이 부분은 전략 3단계에서 구체적으로 살펴보기로 하자. [그림 3]은 모집직군의 세부 정보를 조사하여 정리하는 과정이다.

그림 3 ★ 지원분야 세부 전개 예시

[그림 2]에서 보여주듯이 회사가 추구하는 가치는 '창의, 도전, 고객 중심, 팀워크' 다. 회사가 추구하는 가치를 통해 원하는 인재상을 추정해볼 수 있다. 예를 들어, 개인적인 창의성과 도전정신도 중요시하지만, 대내·외적인 고객중심 마인드와 조직 내의 커뮤니케이션 능력도 요구하고 있다.

수행업무, 지원자격, 요구능력을 자세히 찾아 요약하고, 어떤 요구사항들이 있는지 잘 검토하여야 한다. 이 과정은 전략 2단계 '나에 대해 분석하기'에서 자신을 평가하는 데 객관적 기준이 되므로 매우 중요하다. 자신이 갖추고 있는 부분과 영역을 미리 체크해두는 것도 도움이 된다.

회사에 관한 언론 보도자료와 주요 이력들 중에서 눈에 띄는 기사와 업적 2~3개 정도는 기억해둘 필요가 있다. 면접에 다음과 같은 질문이 자주 등장하기 때문이다. '우리 회사에 대해 아는 대로 말하시오' 또는 '우리 회사의 주요 업적을 아는 대로 말하시오' 등 자사분석과 기본 정

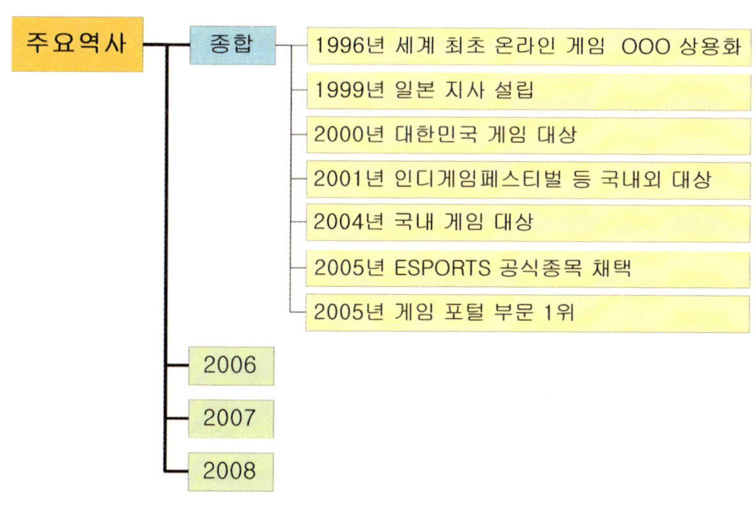

그림 4 ★ 주요역사 세부 전개 예시

보에 대한 질문사항들이다. 전략 1단계 '대상 분석하기' 단계만 철저히 해두어도 쉽게 대답할 수 있다.

전략 1단계인 '대상분석'은 자기소개서뿐만 아니라 면접에서도 아주 요긴하게 사용된다. 창의성이나 순발력을 테스트하는 질문이 아니라면 상당 부분이 회사와 관련된 질문일 가능성이 크기 때문이다.

[그림 4]와 같이 입사 희망 기업체의 모든 정보들을 모아서 한 장의 맵으로 정리해둔다. 추가적인 정보가 발생되면 세부 가지를 만들어 추가시켜 나간다.

나에 대해 분석하기

'지기(知己)' 전략은 제1장에서 다룬 '시간과 목표 관리'와 연관성이 깊다. 자신의 비전을 먼저 점검하라. 비전을 분명히 수립하게 되면 우리는 두 가지의 에너지를 얻을 수 있게 된다. 첫째는 목표달성을 향한 '열정'이란 에너지다. 둘째는 삶에 방향성을 제공하여 능동적으로 삶을 이

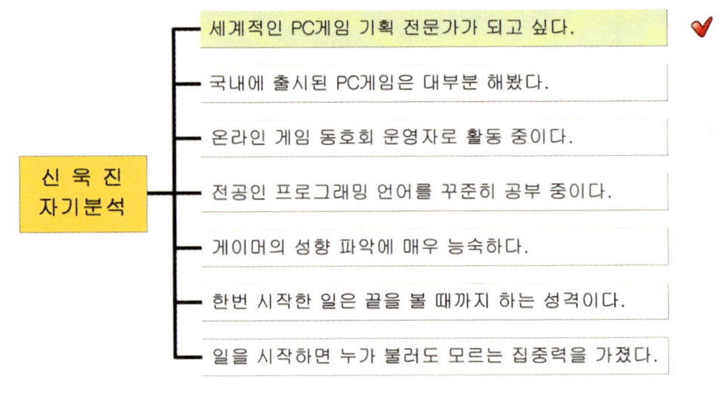

그림 5 ★ 자기분석 준비 예시

끄는 '긍정'의 에너지다. 채용 담당자는 지원자의 비전과 능동적이고 적극적인 자세에 큰 관심을 가지고 있다. 비전을 통해 지원자의 일에 대한 열정과 포부를 점검하기 때문이다. 면접관의 질문 중 '당신은 10년 후에 어떤 일을 하고 있을 것 같은가?' '취업 후 5년 이내에 이루고 싶은 것이 있다면?' 등이 그 증거가 된다.

나에 대한 분석은 자신의 경험을 중심으로 시작한다. 자신의 경험은 남과 차별화될 수 있는 내용일수록 좋다. 남과 차별화된 내용은 근거를 갖추어야 한다. 채용 담당자는 지원자의 구체적이고 확인 가능한 능력을 파악하려 하기 때문이다.

자기분석서를 만들 때는 [그림 5]의 '세계적인 PC게임 기획 전문가가 되고 싶다'와 같이 자신의 비전을 적어두어야 한다. 자기소개서의 내용에 왜 이 회사에 입사해야 하는지를 자신의 인생목표와 연결해야 하기 때문이다.

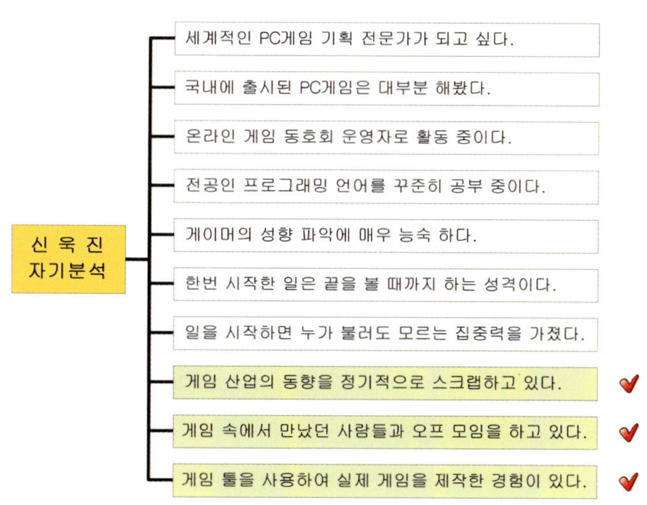

그림 6 ★ 자기분석 강점 확인 예시

[그림 6]에 체크된 항목들은 자신의 강점을 드러내기 위한 매우 중요한 포인트가 된다. 그 이유는 자신의 커뮤니케이션 능력과 조직 간 융화에 많은 도움이 되는 경험들이기 때문이다. 또한 게임의 전반적인 이해 능력에 영향을 줄 수 있는 경험이기도 하다. 그리고 '게임 개발 경험'도 중요한 경험적 자료다. 게임 시스템의 개발 과정과 전반적인 이해에 도움을 줄 수 있는 중요한 경험이 되기 때문이다.

'한번 시작한 일은 끝을 볼 때까지 하는 성격'과 '일을 시작하면 누가 불러도 모르는 집중력'은 객관성이 모호한 내용이다. 자신의 가족, 학교 친구, 게임 동호회원들이 모두 인정한 내용이라면 게임 동호회원들의 평가가 가장 객관적이라고 볼 수 있다. 따라서 자기소개서를 작성할 때 [그림 7]에 체크된 항목과 같이 객관성이 드러나도록 적어야 한다.

기업에 따라 지원자에 대한 요구능력이 모두 다르다. 예를 들어, TOEIC 점수나 전공 관련 포트폴리오, 공모전 수상경력, 커뮤니티 운영

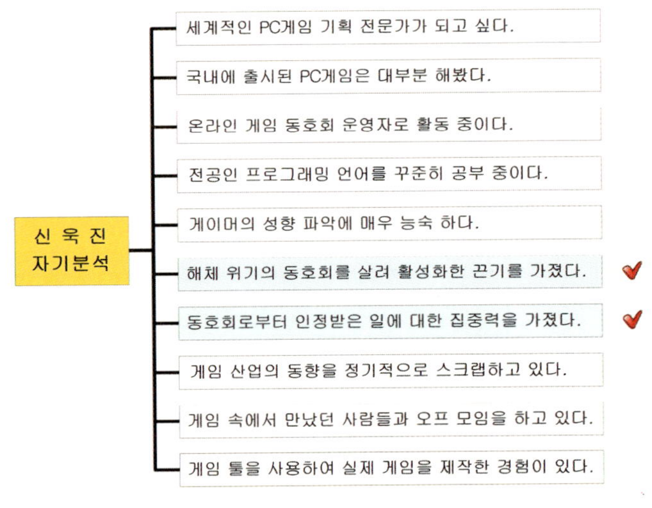

그림 7 ★ 자기분석의 모호한 내용 확인 예시

등 매우 다양하다. 구체적인 활동과 경험들은 메모해두었다가 자기분석
서를 계속 업그레이드해 나가는 자료로 사용하도록 하자.

▌대상과 나를 융합하기

'지피지기(知彼知己)' 만으로는 충분치 않다. '융합(融合)' 단계를 꼭
거쳐야 한다. 즉, '지피(知彼)' 와 '지기(知己)' 의 맥락을 연결하는 작업
이다. 예를 들어, '기업의 비전과 나의 비전은 공유될 수 있는가?' '기
업문화와 나의 가치관은 융합될 수 있는가?' '희망 기업에서는 나의 경
험과 가치를 높이 평가해줄 것인가?' 를 고민해야 한다. 이 융합작업의
결과물이 나를 취업으로 이끄는 강한 동기가 된다.

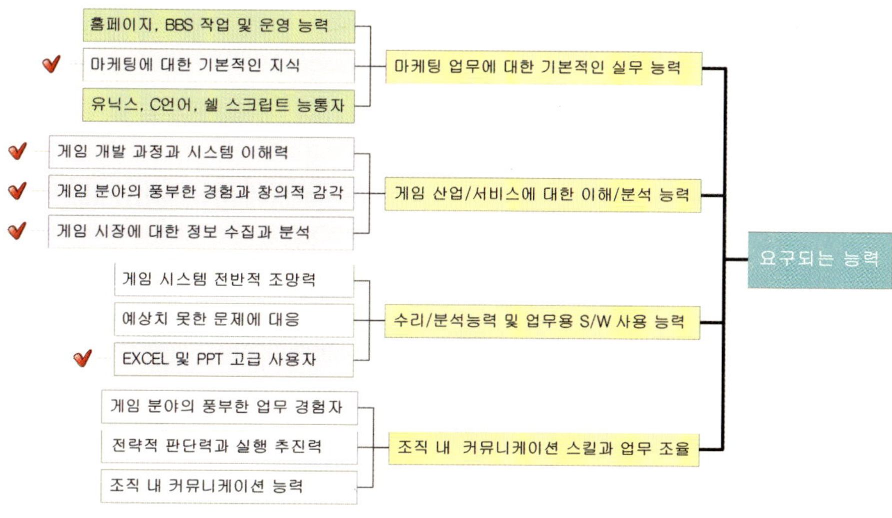

그림 8 ★ 기업체의 요구사항

또한 자기소개서를 구체적으로 작성할 수 있게 해주고, 면접에서도 자신감을 갖게 해줄 것이다. 여기서 잠깐, 기업체에서 요구하는 능력에 대해 다시 한 번 살펴보자.

[그림 8]에서 V표가 된 요구사항은 이미 가지고 있는 경험 및 능력이다. 하지만 '홈페이지 BBS 작업 및 운영 능력'과 '유닉스, C언어, 쉘 스크립트 능력'에 대한 요구사항은 아직 부족한 상태다. 이 부분은 취업 지원서를 내기 전에 책이나 강의를 통해서 보완해야 한다.

나머지 요구능력은 짧은 기간 내에 해결하기는 어려운 것들이다. 모두 실무경험이 뒷받침되어야 하므로 신입사원을 뽑을 경우에는 크게 걱정할 필요가 없다. 전반적으로 '수리분석력과 오피스 S/W 사용 능력'을 보충한다면 준비된 지원자가 될 수 있다.

이제 자기분석 자료에서 자신의 경험들을 묶어 기업체의 요구사항과 연관된 적절한 '그룹명'을 [그림 9]와 같이 붙여보도록 한다. 이 그룹명은 자신이 요구하는 주장의 주요 근거가 된다.

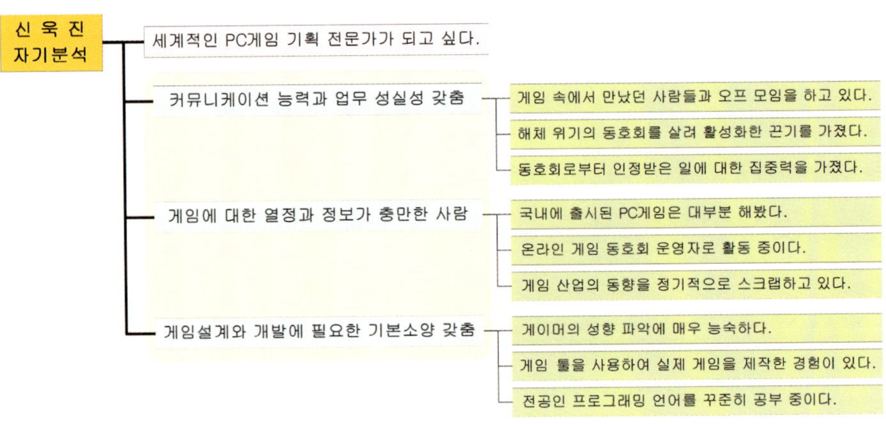

그림 9 ★ 자기분석 예시

'커뮤니케이션 능력과 업무 성실성' '게임설계와 개발에 필요한 기본소양' 같이 기업체의 요구능력에 부합되는 그룹명일수록 좋다.

자기소개서를 작성하기 위한 기본적인 준비는 지금까지의 3단계 전략 과정을 통해 모두 끝났다. 이제 구체적으로 자기소개서를 완성시켜보자.

자기소개서 작성하기

이미 지적한 바와 같이 자기소개서를 작성할 때는 자기 자랑이나 일대기 나열식 구성은 도움이 되지 않는다. 또한 감동적인 글을 만들려고 해서도 안 된다. 철저하게 실용적이면서 논리적으로 작성되어야 한다. 제2장에 소개된 '힘 있는 글쓰기' 기법을 상기해보자. '힘 있는 글쓰기'의 뼈대는 다음과 같다. 기억이 잘 나지 않는다면 제2장을 다시 훑어보라.

① 결론을 먼저 제시하라. — (힘❶ : 주제/주장)

② 근거로 결론을 뒷받침하라. — (힘❷ : 이유/방법)

③ 증명으로 근거를 설득력 있게 뒷받침하라. — (힘❸ : 사실/의견/자료/사례)

④ 결론을 다시 제시하라. — (힘❹ : 주제/주장 확인)

힘❶, ❷, ❸, ❹는 매우 유동적임을 명심하자. 각각 문단 내에서 문장의 속성을 결정짓기도 하지만, 한 편의 글 속에서 각 문단의 속성을 결정하기도 한다. 다시 말해, 문단 하나하나가 결론 문단, 근거 문단, 증명

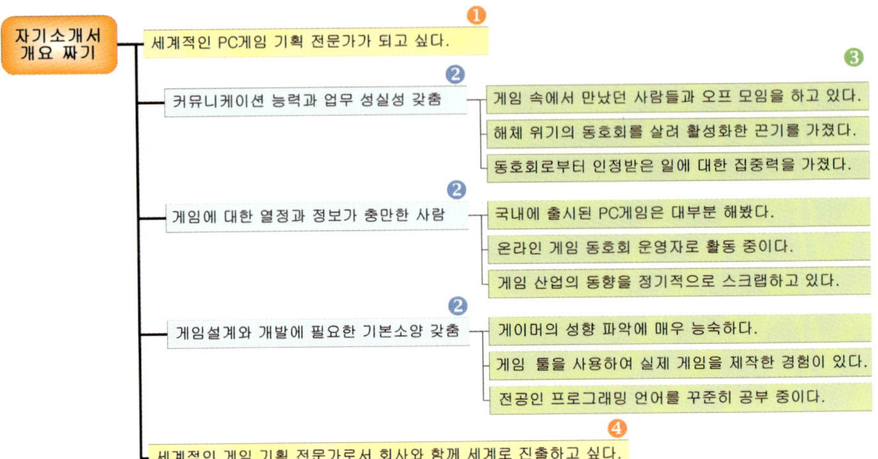

그림 10 ★ 자기소개서 개요 짜기 예시

문단으로 나뉠 수 있다는 것이다. 문단의 속성은 힘❶, ❷, ❸, ❹로 표시하면 된다.

[그림 10]은 자기소개서 작성 전략 1~3단계 과정을 통해 나타난 개요도에 '힘 있는 글쓰기' 번호를 붙여놓은 것이다. 자신의 미래 비전인 10년 후의 목표가 주장인 힘❶이 되고, [그림 9]에서 정리된 그룹명이 주장을 뒷받침하는 근거인 힘❷가 된다. 마지막으로 주장을 다시 한 번 강조하는 힘❹를 추가하였다.

이제 '자기소개서 작성'을 위한 준비는 끝났다.

[그림 10]의 개요도를 보고 자기소개서의 서론 부분이 되는 간략한 도입 문단을 만들어보자. 도입 문단은 주장인 힘❶을 이용하여 전개하면 된다. 서론에 자신의 주장을 담아야 하는 이유는 무엇일까? 그 이유는 채용 담당자는 자기소개서를 읽는 것에 우리가 작성하는데 들인 시간의 1/100도 투자하지 않기 때문이다. 대부분 몇십 초 안에 판단을 내리게

된다. 따라서 전체적인 구성은 간결해야 한다.

다음은 자기소개서의 도입 문단을 작성한 예시이다.

세계 최고의 게임기획자의 꿈을 가진 나를 선택해야 한다.❶

나는 조직 커뮤니케이션 능력과 업무의 성실성을 고루 갖춘 사람이다.❷ 근거는 온라인 게임에서의 만남을 오프라인까지 확대해서 게임에 대한 정보를 교환하고 일에 대한 집중력과 끝까지 해내는 근성을 가지고 있다.

나는 게임에 대한 열정과 정보가 충만한 사람이다.❷ 근거는 출시된 게임의 대부분을 섭렵하여 현재 온라인 게임 동호회를 이끌고 있으며, 게임 산업에 대한 동향을 주시하며 자료를 스크랩하고 있다.

나는 게임설계와 개발에 필요한 기본 소양을 갖춘 사람이다.❷ 근거는 풍부한 게임 경험을 통해 게이머들의 성향을 파악했고, 실제 게임 제작을 해본 경험이 있으며, 현재도 프로그래밍 언어를 지속적으로 공부하고 있다.

따라서 나는 OOO사에서 꼭 필요한 미래의 인재이며, 회사와 함께 세계로 진출하고 싶다.❹

이 글을 부드럽게 다듬어 도입글을 작성해보자.

위의 글은 도입 부분에 모두 표현하기에는 내용이 많다. 약 5문장 정도로 압축해서 자신의 강점과 주장을 전달해보자. 힘❷가 주장❶의 근거에 가장 적합한 내용이다. 하나의 문단으로 만들 때, 단순 나열형보다는 문장을 압축하고 부드럽게 바꿔주는 것이 좋다. 부드러운 인사말도 포함시켜보자.

세계 최고의 인터넷 인프라를 갖춘 한국의 대표기업, 세계의 온라인 게임을 주도할 OOO사에 입사 지원서를 제출하게 되어 영광스럽게 생각합니다. 저는 고등학교 때부터 OOO사에서 일하는 것을 꿈꿔왔고 그 꿈을 이루기 위해 세 가지 분야의 전문성을 갖추기 위한 노력을 해왔습니다. 첫째는, 커뮤니케이션 능력과 업무의 성실성이고, 둘째는, 게임에 대한 열정과 정보 수집이며, 셋째는, 게임설계와 개발에 필요한 기본 소양입니다. 자기소개서를 다 읽고 난 후 '이 친구 한번 만나보고싶은데?' 라는 말이 채용관 님께 남는 한 마디가 되리라 확신합니다.

중심 내용은 자신의 꿈과 강점을 전개한다. 마지막 문장을 통해 자신의 결의를 전달한다. 도입글을 통해 자신의 의지를 전달하고 채용 담당자가 계속 읽고 싶도록 만드는 것이 중요하다. 단 하나의 도입 문장을 놓고 이리 저리 고치지만 말고 2~3개의 도입글을 써서 비교·검토하는 것이 좋다.

이제 본문과 마무리 문단을 준비해보자. 본문의 내용은 근거❷와 증명❸을 통해 전개한다. 마지막 문단은 다시 한 번 주의를 환기시키면서 자기의 주장을 재확인❹한다. 마무리 문단은 ❶의 주장을 좀 더 확신이 담긴 말로 개선하여 전개하도록 한다.

조직 커뮤니케이션 능력과 업무의 성실성을 고루 갖춘 사람이 되기 위해 온라인 게임에서의 만남을 오프라인까지 확대해서 모임을 주도하고 있습니다.❷ 2006년 7월부터 격월 첫주 금요일날 모여 게임에 대한 정보를 교환하고 친분을 쌓아가고 있습니다. 해체위기의 모임을

회원 1,200명으로 활성화시킨 결과 초기 회원들로부터 ‘일에 대한 집
중력과 끝까지 해내는 근성을 가지고 있다’ 는 평을 받고 있습니다.❸

　　게임에 대한 열정과 정보가 충만한 사람이 되기 위해 출시된 게임의
대부분을 섭렵하였습니다.❷ 게임을 즐기기만 한 것이 아니라 각 게임
의 장·단점과 흥미요소를 파악하여 자료화해서 관리 중입니다. 2007
년 6월 쿠터 게임 산업 동향을 파악하기 위해 게임 관련 잡지를 구독
하는 한편, 언론매체를 활용하여 자료를 스크랩해 나가는 중입니다.
게임에 대한 열정을 걱정하시는 부모님들은 학교 성적을 계속 유지함
으로써 설득해 내었고, 현재 온라인 게임 동아리인 OOO를 이끌고 있
습니다.❸

　　게임 설계와 개발에 필요한 기본 소양을 갖추기 위해 중학교 때
RPG게임 제작 툴을 사용하여 시나리오 설계와 제작, 플레이까지 한
경험이 있습니다.❷ 고등학교 때 구상 중이던 가상현실 게임을 Linden
Lab 사가 출시하여 아쉬웠던 경험도 있습니다. 대학 때는 컴퓨터 동아
리에 가입하여 C언어를 이용한 간단한 게임 제작과 전시를 경험하였
습니다.❸

　　풍부한 게임 경험을 통해 게이머들의 성향을 잘 파악하기 위해 노력
중이며, 현재도 부족한 프로그래밍 언어를 지속적으로 공부하고 있습
니다. 아직은 여러 가지 부족한 점이 있지만 선배님들께 배우고 같이
노력하여 세계를 주도하는 OOO사의 미래의 인재가 되고 싶습니다.❹
　　끝까지 읽어주셔서 감사드립니다.

도입 문단, 본문, 마무리 문단을 연결하면 한 편의 자기소개서가 완

성된다. 이제 완성된 자기소개서를 최종 점검하여 보자. 그리고 친구, 동아리 모임의 선후배, 가족 등 다양한 계층의 사람들에게 자기 자신을 소개해보자. 출력해서 보여주기만 하지 말고, 잠시 짬을 내어서 발표해보라.

글과 말은 전달되는 메시지가 매우 다르다. 읽을 때는 별다른 모순점이 없었는데 말로 바꿔보면 어색한 경우들이 있다. 글을 쓸 때 발견되지 않는 오류들을 찾아 수정·보완 해야 한다.

서류 면접이 통과되면 대면 면접을 준비해야 한다. 요즘 면접은 분위기가 매우 좋다. 옷도 평상복 차림을 요구하는 곳이 있는가 하면, 면접관들이 먼저 분위기를 부드럽게 풀어주기도 한다. 하지만 예상을 벗어나는 질문이나 상황을 연출하거나, 철저한 면접 매뉴얼에 따라 진행되는 등 면접장의 분위기는 가히 상상을 초월한다.

면접의 가장 큰 적은 '긴장'이다. 긴장하지 않기 위해서는 자신감을 가져야 하는데, 문제는 자신감이 그냥 생기는 것이 아니라는 것이다.

먼저, 자신감만으로 면접을 무사 통과한 사람의 면접 방법을 살펴보자. 현재 S사에 근무 중인 이 사람은 다소 내성적인 성격이었다. 하지만 학사 장교를 다녀오더니 성격이 바뀌었다. 당시 K사 면접을 준비 중이던 친구에게 전수해준 방법은 아주 간단했다. 답이 미쳐 준비되지 않은 곤란한 질문을 받으면, 두 주먹을 불끈 쥐고 '저의 두 주먹을 보십시오. 자신감이 넘쳐나지 않습니까? 회사생활 도중 어려운 문제들을 만나면 자신감으로 헤쳐나가겠습니다'라고 외친다는 것이다. 우연의 일치인지도 모르지만 이 방법을 전수받아 K사를 지원한 친구도 합격했다. 이 방법이 모든 면접에서 통하리란 보장은 없지만, 지원하는 회사가 자신감을 가진 직원을 우대하는 곳이라면 시도해 볼 만한 방법이라 생각된다.

면접에는 다양한 변수들이 존재한다. 따라서 정답은 존재하지 않는다. 그러나 대응 전략을 세워 사전준비를 한다면 결코 어려운 일도 아니다. 커뮤니티를 통해 최신 정보를 교환하는 것은 매우 효과적인 방법 중 하나다. 자신과 목적이 같은 친구들과 함께 취업 커뮤니티를 만들어보자. 정보는 정체되어 있으면 정보로서의 가치가 없다. 서로 충분히 주고, 충분히 받아야 한다. 친구들이 여의치 않으면 기존 온·오프라인에서 활동 중인 커뮤니티를 찾아도 좋다.

최근 온·오프라인에서 정기적인 모임과 공개강의를 갖는 커뮤니티를 심심치 않게 찾을 수 있다. 커뮤니티에 적극적으로 참여하여 희망 기업체의 최근 채용동향에 관한 정보를 서로 나누도록 하자. 면접을 받은 사람들의 경험담을 통해 대응 전략을 세울 수도 있다. 예를 들어, '자기소개서의 내용 중 무엇에 관심이 있을까?' '당락을 결정하는 지원자들의 평가기준은 무엇일까?' '어떤 당황스러운 상황들이 있는가?' 등을 소상하게 파악할 수 있다.

▍면접 질문 정리하기

최근 면접에서 등장하는 질문의 패턴을 찾는 것이 중요하다. 다음은 커뮤니티 활동과 인터넷 취업포털에 가입해서 얻은 자료를 토대로 한 면접 시 주요 질문을 역량·영역별로 분류하여 정리한 맵이다. 전체적으로 훑어본 다음 자기소개서 작성 전략에서 준비된 분석자료들과 1차 비교를 해야 한다.

체크된 항목들은 '회사분석과 자기분석' 자료나 '자기소개서'를 통해 대답이 가능한 질문들이다. 하지만 [그림 11] 중에 망치가 표시( )된 질문들을 살펴보자. 쉽게 대답할 수 있는가? 만약 쉽게 대답할 수 없다면 답변에 대한 사전 훈련이 필요하다.

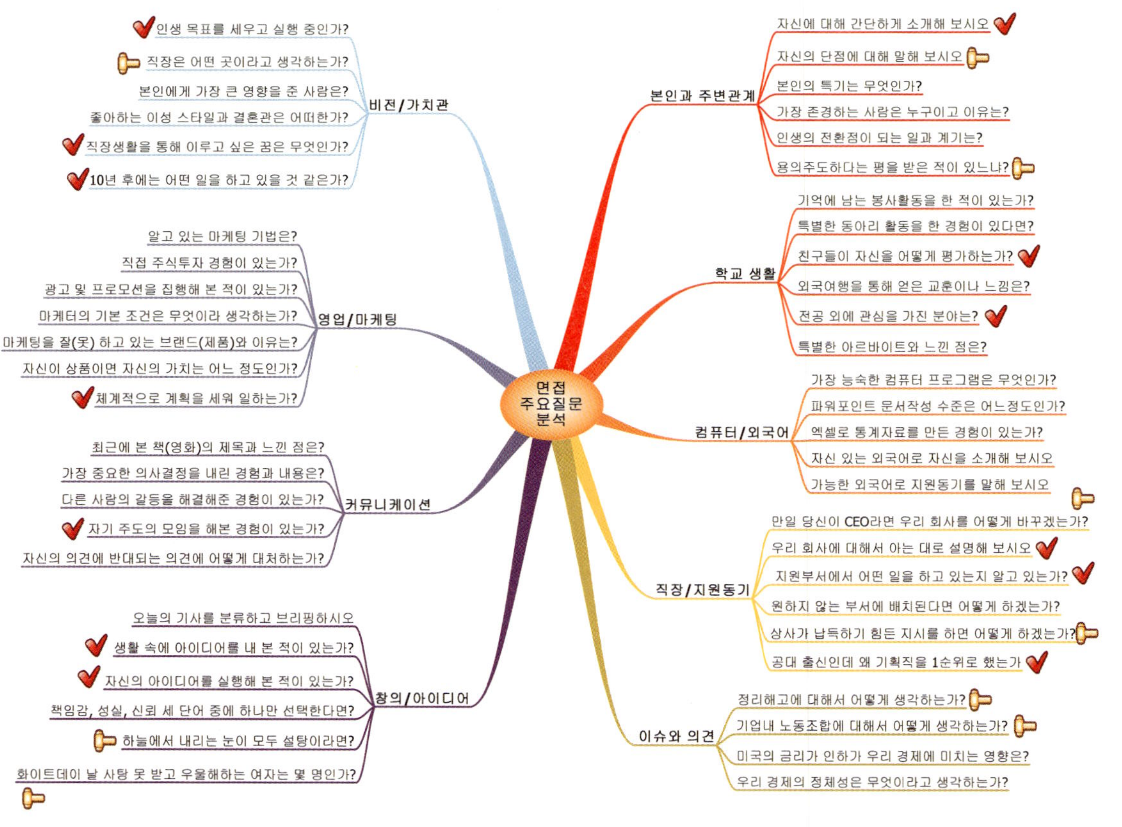

그림 11 ★ 면접 질문 리스트 예시

예상 질문 리스트는 면접관이 지원자의 논리적 사고력이나 표현력 등 의사소통력을 점검하는 질문에 대비할 수 있는 효과적인 방법이다. 평소 수첩을 준비하였다가 다음과 같이 예상 질문 리스트를 기록해둔다. 준비된 수첩은 아이디어가 떠오름과 동시에 즉시 기록할 수 있는 상태여야 한다. 우리는 아이디어가 떠오르는 순간 문제해결의 실마리를 찾는다. 영원히 기억될 것 같은 이 영감(inspiration)은 시간이 지나면서 우리의 기대를 저버린다. 아이디어는 번개처럼 왔다가 구름처럼 흩어지기 때문이다. 따라서 즉시 기록해야만 이 아이디어를 붙잡을 수 있는 것이다.

구체적인 예상 질문 리스트의 기록 방법을 알아보자. 먼저, 쉽게 답하기 어려운 면접 질문들을 한 페이지에 하나씩 적는다. 그 아래로 '답변'에 대한 '이유,' '방법'으로 구분하여 적는다. 답변과 이유, 방법은 또 다른 생각이 떠오르면 정리할 수 있도록 몇 줄 여유를 두고 작성한다.

각각 다른 생각들을 다양한 색상의 펜을 활용하여 정리하면 시각적으로 쉽게 구분이 될 것이다. 예상질문 리스트를 작성할 때 기억해야 할 부분은, 반드시 결론(답변)을 먼저 내리고 근거(이유/방법)를 제시해야 한다는 것이다.

- 질문 : 만약 당신이 CEO라면 우리 회사를 어떻게 바꾸고 싶은가?
- 답변 : 전 직원을 대상으로 아이디어 공모전을 실시한다.

- 이유 : 1. 인센티브제 도입으로 사기 진작

2. 창의적 아이디어 발굴로 미래 사업 준비

• 방법 : 1. 분기별 1회 실시

　　　　 2. 우수 실행 가능 아이디어에 대한 매출대비 인센티브

　　　　 3. 아이디어 제안자를 프로젝트 리더로 함.

면접관들은 장황한 설명에는 관심이 없다. 결론과 그 근거에 관심이 있을 뿐이다. 근거는 2~3개 정도가 적당하다. 너무 많으면 장황할 뿐만 아니라 많은 근거를 얘기할 시간도 없다. 근거 영역은 역사적인 '사실', 권위 있는 전문가의 '의견', 믿을 수 있는 연구나 통계조사 등을 통해 나타난 '자료', 생활 주변에서 나타난 실제 '사례' 등이다. '사실, 의견, 자료, 사례'를 근거로 제시할 때는 구체적인 숫자나 출처를 밝히는 것이 신뢰성을 높여준다.

근거를 들 때 자기 또는 주변 사람의 개인적인 의견을 제시하는 것은 바람직하지 않다. 주관적인 판단이나 생각, 추측 등의 얘기들은 근거에서 제외시키는 것이 좋다. '힘 있는 글쓰기'를 다시 점검해보자.

① 결론을 먼저 제시하라. — (힘❶ : 주제/주장)

② 근거로 결론을 뒷받침하라. — (힘❷ : 근거－이유/방법)

③ 증명으로 근거를 설득력 있게 뒷받침하라. — (힘❸ : 증명－사실, 의견, 자료, 사례)

④ 결론을 다시 제시하라. ― (힘❹ : 주제/주장 확인)

예상 질문 리스트를 '힘 있는 글쓰기'와 비교해보면, 질문에 대한 답변은 힘❶(주장), 이유/방법은 힘❷(근거)이다. 예상 질문 리스트를 작성하는 것으로 만족하지 말고 동호회 사람들과 토론을 하는 것도 좋은 방법이다. 자료들을 토대로 구체적인 발표 시나리오를 만들어 문장으로 만들고 꼭 발표해 보아야 한다. 파트너를 정해 서로 질문하고 대답하면서 문제점을 추가로 기록해두자.

자기소개서와 면접은 따로 분리될 수 없는 불가분의 관계를 가지고 있다. 자기소개서를 작성할 때는 그 내용에 대해서 책임을 져야 하므로 정확하고 근거 있는 얘기들을 해야 한다.

▌힘 있게 말하기

토론형 면접에 대비하기 위해서는 분명한 자기 '주장'과 주장을 적절한 '근거'로 뒷받침하는 훈련이 필요하다. 토론은 서로 다른 주장을 논박하는 것이다. 따지고 보면 토론도 일종의 의사소통이다. '힘 있는 글쓰기'를 이용한 '힘 있게 말하기' 방법을 살펴보자. 이 내용을 보기 전에 '논리적 글쓰기'에서 다룬 '유전자 변형 식품의 개발은 필요하다'는 주장 전개를 다시 읽어보는 것도 도움이 될 것이다.

누군가가 '주장'을 제시하면 듣는 사람은 '왜 그런데?' '어떻게 할건데?'와 같이 두 가지 의문이 생긴다. 이때 '근거'를 들어 갈증을 해소해주어야 한다. 제시된 근거에 '그게 사실이야?' '정말 그렇게 될까?'와 같은 의문에 대해서는 구체적인 '증명 자료'를 통해 근거를 뒷받침한다. 마지막으로 다시 한 번 주장을 강조한다.

'독도가 왜 우리 땅인지 설명해 보시오' 라는 질문이 나왔다고 가정하고, '힘 있게 말하기' 4단(주장 - 이유 - 증명 - 주장 확인) 기법으로 주장을 전개해보자. 상대는 '왜' 에 관심이 있다.

— 주장(결론)은 무엇인가?

　'독도는 우리땅이다.' (주장)

— 상대방은 '왜 당신네 땅이냐?' 고 반문한다. 의문에 대한 대답은 무엇인가?

　'역사적인 증거가 있기 때문이다.' (근거·이유)

— 상대방의 '어떤 증거가 있는데?' 에 대한 대답은 무엇인가?

　'세종실록지리지에 우산도란 지명으로 우리 영토임이 적혀 있다.' (증명)

— 다시 한 번 주장을 한다.

　독도가 우리 땅임이 확실하다.' (주장 확인)

주장 전개를 문장으로 정리해보면 다음과 같다.

'독도는 우리 땅이다. 왜냐하면 역사적인 증거가 있기 때문인데, 세종실록지리지 50페이지 셋째 쪽에 우산도란 지명으로 우리 영토임이 적혀 있다. 6세기 초부터 남아 있는 자료만 봐도 독도가 우리 땅임이 확실하다.'

'힘 있게 말하기' 4단 기법은 제한시간 1분 안에 주장을 전달하는 매우 효과적인 방법이다. 요약된 문장을 보면 보완할 점이 있다. 상대방을 너무 일방적으로 몰아붙인 게 아닌가? 즉, 모든 주장에 대하여 반론은 있게 마련이다. '힘 있게 말하기' 4단 전개에 '반론대응'을 추가하여 5단(주장-이유-증명-반론대응-주장 확인) 전개를 확장시켜 다시 한번 주장을 전개해보자.

첫째, 먼저 주장을 말한다.

'독도는 우리 땅이다.' (주장)

둘째, 주장을 뒷받침하는 근거를 제시한다.

'역사적인 증거가 있기 때문이다.' (근거-이유)

셋째, 근거를 뒷받침하는 증명자료를 덧붙인다.

'세종실록, 성종실록, 숙종실록 등에 따르면 조선 전기부터 우산도(于山島)와 삼봉도(三峯島)로 불리면서 울릉도와 함께 강원도 울진현(蔚珍縣)에 소속된 것으로 기록되어 있다.' (증명)

넷째, 여기서 상대편의 반론에 대한 대응자료를 제시한다. 먼저 상대편(일본)의 반론을 살펴보자. '근세 초기 이래 독도는 일본 영토였고 영토 편입 직전까지 오랫동안 일본이 실효적 경영을 했다'이다. 우리는 어떤 반론으로 대응해야 할까?

'독도의 내력은 일찍부터 기록에 오르내린 울릉도와 관련지어 살펴보아야 하며, 우산국이 신라에 귀속된 것은 6세기 초(512)였다. 그리고 현재 3명이 실제로 거주 중이며, 563세대 1,875명이 독도에 본적을 두고 있다.' (반론 대응)

다섯째, 다시 한 번 주장을 강조한다.

'역사적 자료를 통해 보면 독도는 명백히 우리 땅이다.' (주장 확인)

'힘 있게 말하기' 5단 기법을 이용하여 5분 발표자료를 만들어보자. 지리적 근거와 실효적 지배 근거를 추가하여 주장을 한층 강화한다. 왜냐하면 하나의 근거로는 설득력이 떨어지기 때문이다. 이와 같이 정리된 발표자료는 제한시간이 5분인 프레젠테이션형 면접을 위한 효과적인 준비 방법이 될 것이다.

1. 주장 : 독도는 우리 땅임이 확실하다.
2. 근거 : 역사적 사실과 지리적 근거가 있고, 실효적 지배를 하고 있기 때문이다.
3. 증명 : 역사적 사실
    - 대한제국 칙령 : 1905년 독도를 한국 영토로 세계에 공표했다.
    - 삼국사기 : 독도가 우산국으로 신라에 편입되었다.
    - 숙종실록 : 독도 어업권에 대한 안용복의 일본 항의 방문했다.

    지리적 근거
    - 16세기 말 이후에 우리나라와 다른 나라들에서 발간한 모든 조선지도에 조선의 섬으로 표기했다.

    실효적 지배 근거
    - 현 거주민 등 주민등록상 거주자는 1,900여 명에 이른다.
    - 독도경비대와 해양경찰을 통한 치안활동을 하고 있다.
4. 반론 대응 : '실효적 경영'은 역사적 고증에 의해 판단해야 하고, 국제법상 영토 취득 효력 근거가 없다.
    - 처음부터 주인이 없었음을 증명해야 한다.
    - 영토 편입을 국제사회에 공표하지 않았다.
    - 그 지역의 실효적 점유 증거가 있어야 한다.
5. 주장 확인 : 증명자료를 통해 독도가 우리 땅임을 명확히 알 수 있다.

▌기획문서 작성하기

　기획서 작성은 개별 프레젠테이션과 토론형 면접에 대비하기 위한 전략이다. 최근 전공과 관련 없이 기획/마케팅 분야에 지원하는 사람들이 점점 늘어나는 추세다. 꼭 기획/마케팅 분야에 지원하는 사람들이 아니더라도 '영업 전략'과 '마케팅 전략'을 개별 또는 조별 프레젠테이션으로 평가하는 경우가 많다. 이런 유형의 면접에 대비하여 입사 희망 회사의 주요 마케팅 전략을 분석해둘 필요가 있다.

　예를 들어, '우리 회사의 마케팅 실패사례와 그 이유를 아는 대로 말하시오' '우리 회사의 브랜드 중 가장 문제가 있는 브랜드를 말하고 그 보완점을 말하시오' 등 아주 당황스러운 질문들이 도사리고 있기 때문이다. 면접관들이 지원자들에게 당황스러운 상황을 연출해 얻고자 하는 것은 무엇일까? 그 목적은 지원자들의 창의력, 문제해결력, 사고력, 논리력을 평가하려는 것이다.

　면접관들은 문제상황과 참조용 자료를 제시하고 지원자들이 자료를 분석할 수 있는 적당한 시간을 준 다음 약 5분간의 발표 시간을 통해 지원자를 분석한다.

　다음은 발표를 위한 안내문의 일부이다.

[발표주제]

　인간의 생활과 관련된 신개념 로봇을 만들어 시장진출을 위한 마케팅 전략을 수립하시오(어린이를 위한 완구도 가능).

[제시자료]

　- 정부의 지능형 로봇 지원 정책

[시간배정]

- 자료 분석시간 35분

- 작성시간 15분

- 발표 5분

- 질문 5분

[평가항목]

- 아이디어의 참신성 여부

- 아이디어와 콘셉트의 연결 맥락

- 핵심 타깃의 유무

- 마케팅 전략의 논리적 타당성

(단, 실제로 제작 가능 유무와 마케팅의 실현 가능성은 평가하지 않습니다.)

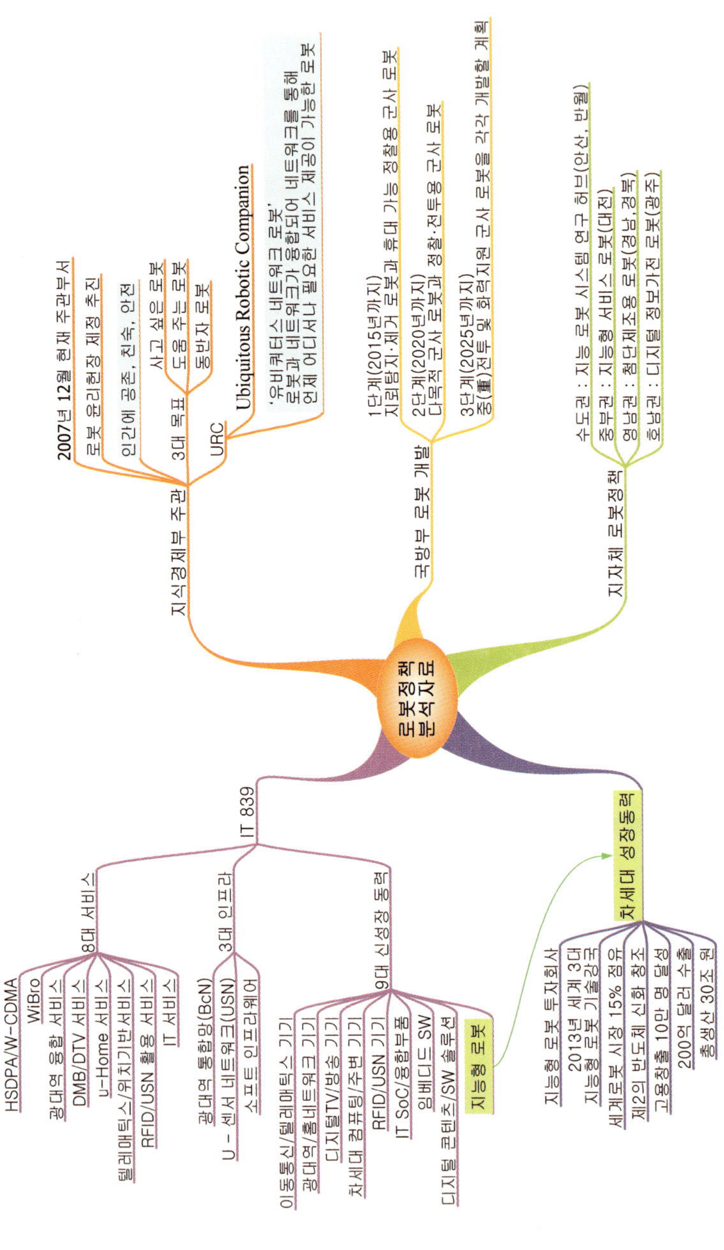

그림 12 ★ 정책분석 자료 예시

(1) 정부정책 분석

먼저, 제시된 자료를 토대로 정부의 로봇에 대한 정책에 대하여 분석해보자. 아직 활성화되지 않은 산업 분야이기 때문에 로봇 개발의 방향을 정부정책에 맞춰 진행할 필요가 있기 때문이다.

자료분석 결과 로봇 개발은 IT839정책 중 9대 신성장동력 사업임을 알 수 있고, 제2의 반도체 신화창조를 위한 정부의 적극적인 의지가 보인다. 미래지향적인 로봇을 개발하기 위해서는 유비쿼터스 시대를 지향하는 URC(Ubiquitous Robotic Companion)에 주목할 필요가 있다.

(2) 아이디어 개발

신개념 로봇의 아이디어를 위해 아이디어 브레인스토밍을 시작한다. 키워드는 '완구'로부터 시작해보자.

연관성이 발견되는 아이디어들을 따로 모아가면서 또 다른 아이디어가 떠오르면 추가하여 아이디어를 확장시키도록 한다.

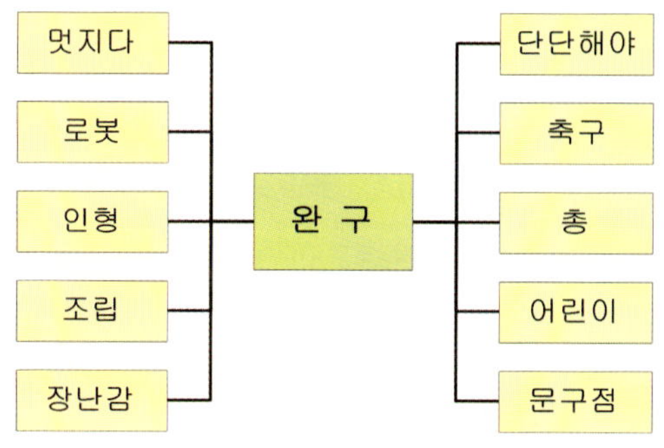

그림 13 ★ 브레인스토밍 준비 예시

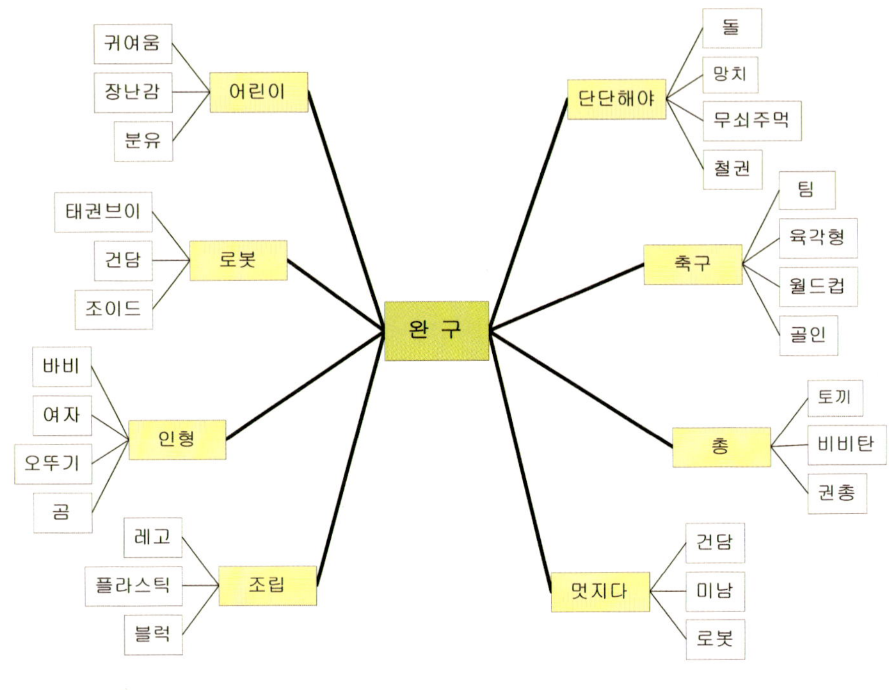

그림 14 ★ 브레인스토밍 전개 예시

이제 좀 더 확장된 생각들을 2~3개씩 짝지어가며 연상되는 아이디어를 찾아본다. 우선, 시야를 넓혀 전체를 조망할 필요가 있다. 나열된 아이디어들을 보면서 직관적인 연결고리가 있는 단어들의 묶음을 찾아낸다. 직관적인 발견이 힘들면 강제연결을 시도한다. 먼저, 아무 단어나 두 개를 짝지은 다음 두 단어로 만들어질 수 있는 하나의 문장을 만들어 적어두도록 한다. 세 개의 단어를 묶어도 좋다. 예를 들어, '비비탄'과 '육각형'이라는 두 개의 단어로 만들어질 수 있는 문장은 '모양이 육각형으로 된 비비탄' '비비탄을 육각형 탄창에 넣는다'와 같이 정리한다. 중요한 것은 되도록이면 많은 개념들을 끌어내는 것이다. 이 과정에서

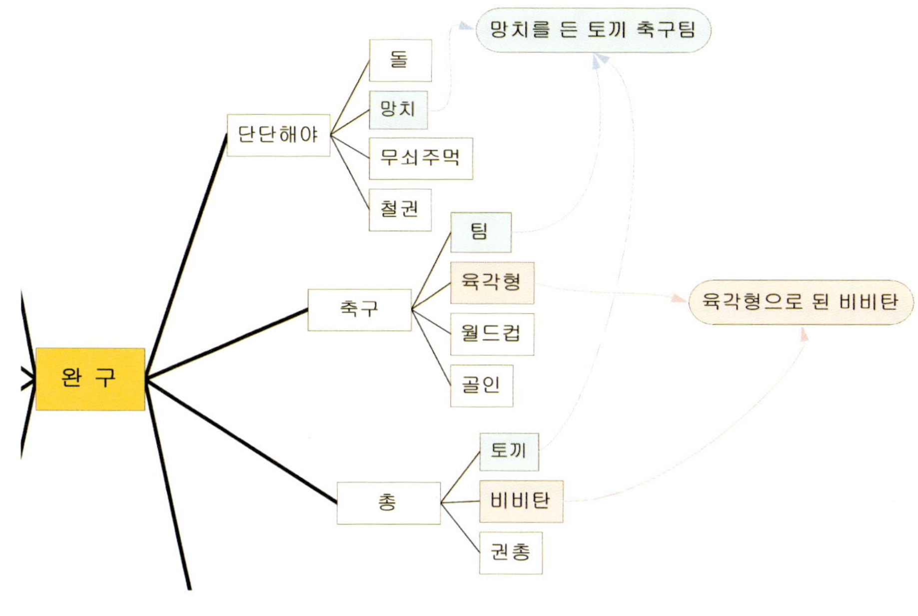

그림 15 ★ 새로운 개념 만들기 예시

얼마나 노력을 기울이느냐가 남들과 차별화된 아이디어가 나오느냐 마느냐를 결정한다.

평소 생각지 못한 차별화된 개념이나 독특한 아이디어를 찾아보자. 특별히 눈에 띄는 아이디어가 없다면, 여러 번 반복하여 아이디어를 찾아보자. 아이디어를 찾는 도중 기술적 문제나 마케팅상의 어려운 점들을 미리 고민할 필요가 없다. 왜냐하면 자칫 좋은 아이디어가 사장될 우려가 있고, 또 평가항목에서도 이 부분은 고려하지 않고 있다.

두세 개 정도의 아이디어를 선별한다. '분유를 먹이는 로봇' '망치로 축구하는 토끼 로봇' 중에서 '분유를 먹이는 로봇'으로 결정하고 다음 단계인 콘셉트 정리로 넘어가보자.

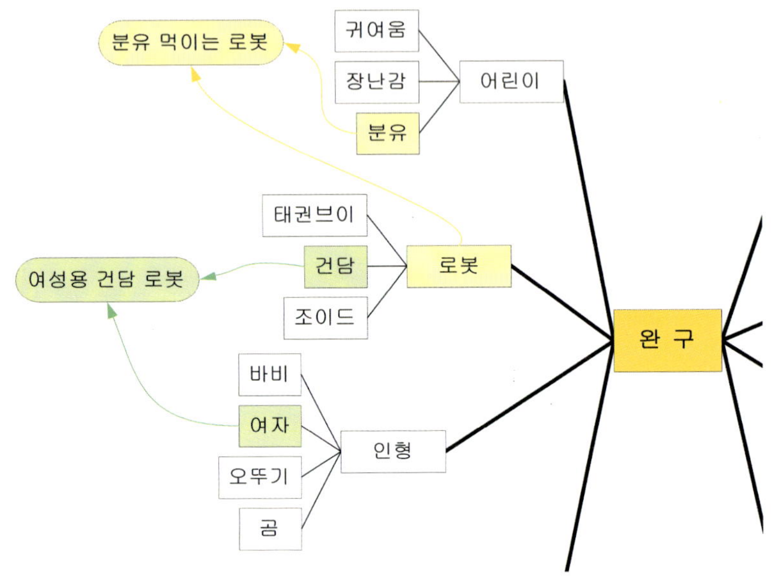

그림 16 ★ 새로운 개념 만들기 예시

(3) 콘셉트 정리

콘셉트를 정리하기 위해 주제에 대한 다양한 생각을 다시 한 번 브레인스토밍을 통해 정리하자.

'분유 먹이는 로봇'만을 두고 생각을 전개하면 아이디어가 극히 제한적일 수 있다. 예를 들어, '심장고동'이나 '이유식'과 같은 개념은 '분유를 먹이는 로봇'이란 문장으로부터 직접 유도되기 힘들기 때문이다. 이런 문제를 해결하기 위해 레오나르도 다빈치가 즐겨 사용했던 방법을 사용하면 효과적이다. 즉, 문장을 분해하여 나타난 개념들, 즉 '분유, 먹이다, 로봇, 엄마, 분유 로봇, 먹이는 로봇, 분유 먹이는' 등에서 다시 한 번 아이디어를 확장한다.

새로운 콘셉트를 얻기 위해 앞서 아이디어 개발 단계에서 사용했던

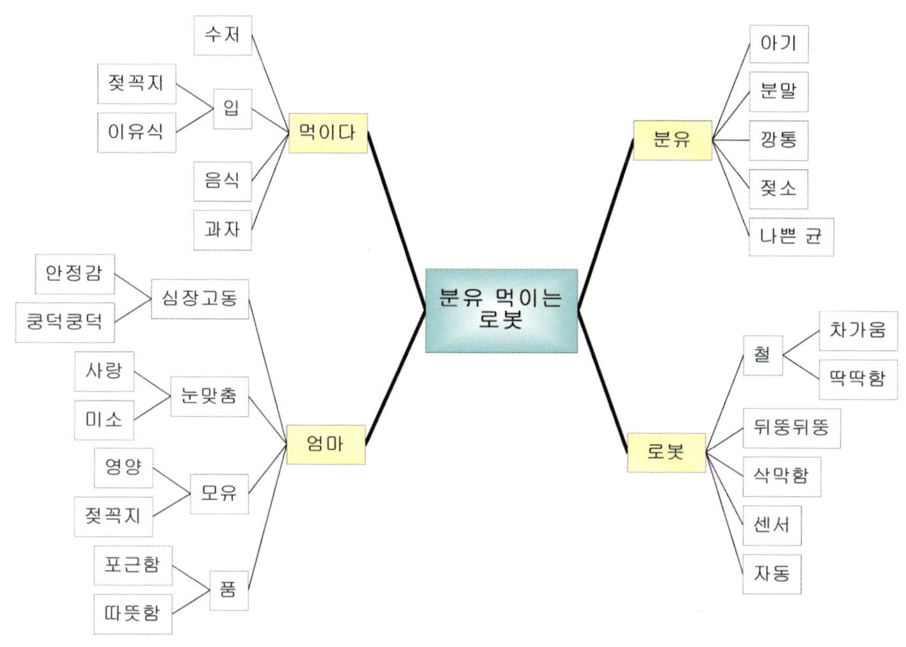

그림 17 ★ 브레인스토밍 예시

방법을 반복한다. 2~3개씩의 단어를 묶어 새로운 문장을 만들어보자. 이 과정은 생각의 수렴 과정이므로 맵을 방사형으로 펼치는 방법보다 사방에서 중심으로 좁혀지는 수렴형 전개를 하면 효과적이다.

'엄마'가 적힌 가지에서 '심장고동, 젖꼭지, 포근함' 3개의 단어가 눈길을 끈다. '부드러운 젖꼭지와 엄마의 심장고동이 들리는 포근한 로봇'은 어떨까? 로봇이 가진 특유의 딱딱함과 차가운 이미지를 보완할 수 있을지 않을까? 여기에 네트워크 기술을 접목시켜 로봇의 콘셉트를 정리한다.

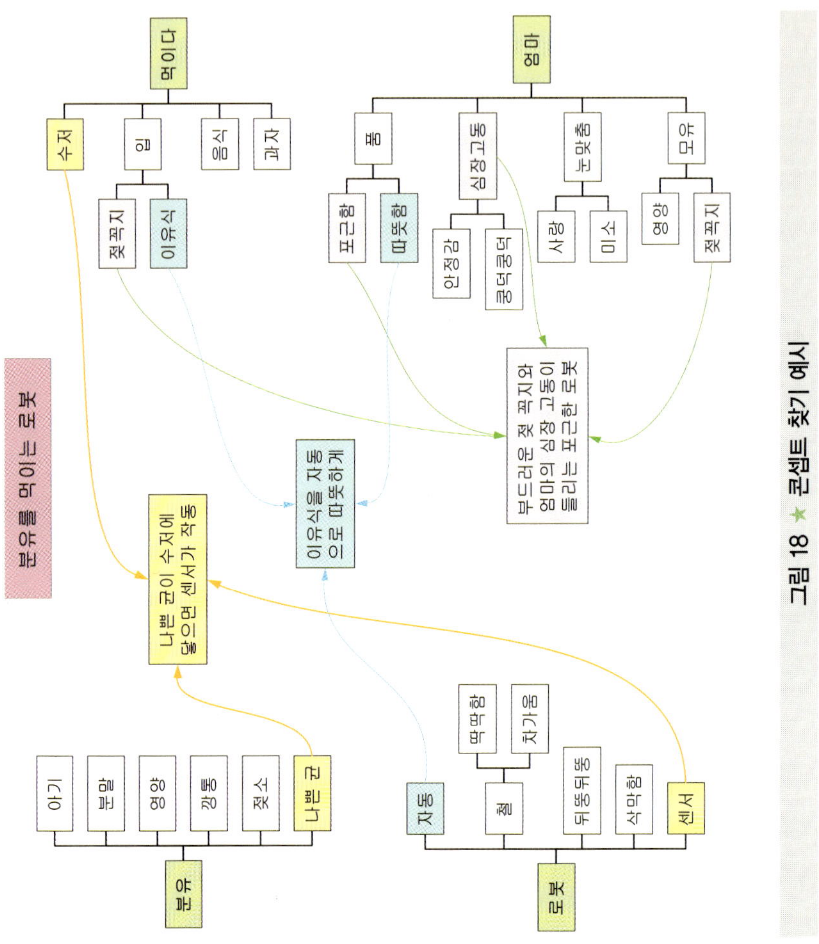

신개념 로봇은 부드러운 젖꼭지와 엄마의 심장고동 소리가 들린다. 또한 포근한 잠자리를 제공하며, 가끔 엄마와 아기가 화상전화로 얘기를 나눌 수 있는 네트워크 기능을 갖춘다. 분유뿐만 아니라 모유도 짜 넣을 수 있는 기능도 갖춘다.

독창적인 콘셉트가 정리되었다면, 이제 고객 발굴로 들어가보자.

(4) 핵심고객 발굴

이 제품을 반드시 구매해야만 하는, 또 꼭 필요하다고 느낄 수 있는 예상고객들을 찾아보자.

시장규모로 보았을 때 신혼부부를 위한 혼수품 시장이 가장 크다. 신혼 부부들은 맞벌이에 대한 부담으로 육아에 큰 스트레스를 받고 있다. 또한 전업주부로 나서는 남편들과 육아를 책임지고 있는 노부모들의 호응도 기대된다.

(5) 마케팅 계획

먼저, 시장규모를 보자. 제품을 약 50만 원대로 출시한다면 전체 시장규모는 약 1,500억 원 정도 된다. 국내시장은 물론 해외시장까지 노려본다면 시장규모는 충분하다는 판단이다. 정부의 출산장려 운동과 맞물려

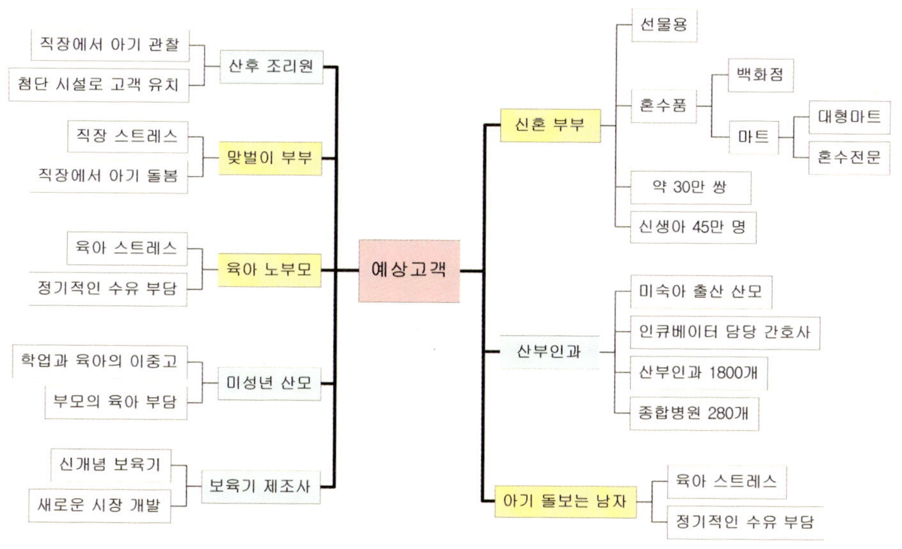

그림 19 ★ 고객분석 예상 예시

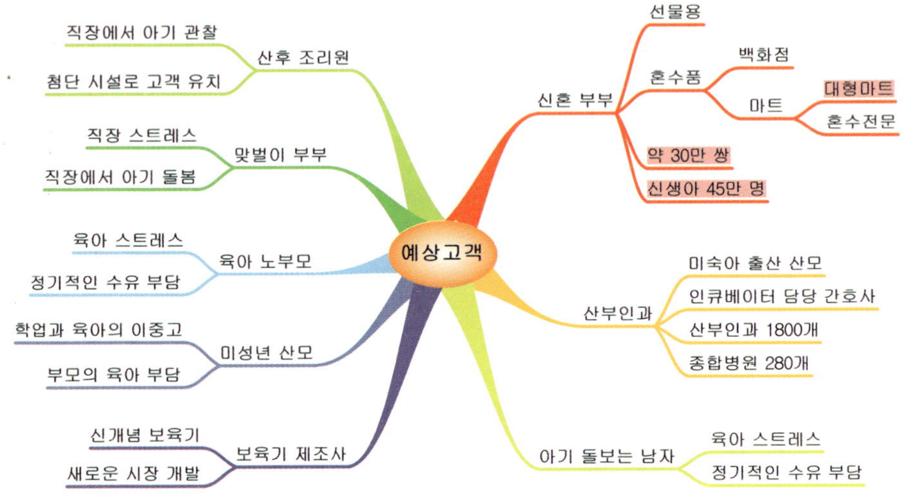

그림 20 ★ 핵심고객 찾기 예시

'출산장려 이벤트'를 기획하고, 앞서 분석한 정부의 정책 중 '신성장동력산업'과도 연계시켜 정부의 지원과 투자를 유치한다면 한층 더 활기를 띨 수 있을 것이다.

지금까지의 진행 과정을 통해 나타난 결과들을 정리해보자.

(1) 제품화 아이디어 : 분유(모유)를 먹이는 로봇

(2) 제품의 콘셉트 : 엄마의 심장고동 소리, 부드러운 젖꼭지와 포근한 품 그리고 엄마와의 화상전화 기능, 인큐베이터의 깨끗한 공기정화 장치가 포함된 로봇.

(3) 핵심고객 : 신혼 부부를 중심으로 한 전업주부 남편과 육아를 책임진 노부모, 병원의 인큐베이터 시장 고려

이제 마케팅 기획서를 작성해보자.

(1) 기획의 목표

- 신개념의 분유(모유)를 먹이는 로봇으로 5년 이내 1조 원 매
출 달성

(2) 기획의 목적

- 산업로봇이 주력인 당사의 선도자적 이미지를 강화하고, 정
부의 신성장동력산업 육성에 힘입어 첨단 인공지능과 네트워
크 기능을 탑재한 유비쿼터스형 생활 로봇을 출시하여 새로
운 시장을 창출한다.

(3) 추진배경

- 만 1세 미만인 육아에 대한 고민을 해결
- 출산을 장려하는 시대적 분위기 편승

(4) 추진방법

- 신혼부부 30만 쌍의 혼수품으로 시장에 출시한다.
- 대형마트와 백화점 등 고급 혼수품 코너에 비치한다.
- 출산장려 이벤트 추진

(5) 기대효과

- 신개념 로봇의 출시로 새로운 시장 창출
  • 국내시장 : 약 2,000억 원
  • 해외시장 : 국내시장의 50배인 약 10조 원
- 로봇 산업을 주도하는 선도적 이미지 선점
- 정부의 장려 산업 활성화로 정책적 지원 기대

(6) 검토 사항

- 혼수품 시장에 진입 가능한 생산 원가

- 경쟁업체의 모방으로 인한 시장 분할

(7) 건의 사항

- 사업부 각 1인으로 하는 TF팀 구성

- 사업 성공에 따른 연봉 인센티브제 운영

정리된 1페이지 기획서를 발표용 슬라이드로 만드는 방법은 '제5장 수업 발표의 기술' 을 참조하자.

이제 5분 동안의 프레젠테이션을 위해 사전 연습을 해야 한다. 시간을 정확히 지켜야 높은 점수를 받을 수 있다. 발표에 대한 부담은 누구나 가지고 있다. 실전에서 떨지 않고 자신 있게 하기 위해서는 사전 모의 연습만큼 좋은 방법은 없다.

면접관은 지원자의 완벽한 기획서를 기대하기보다 '정해진 시간과 자료를 통해 얼마나 빨리 참신한 아이디어와 콘셉트를 만들 수 있는가?' '핵심고객을 정한 후 시장에 뛰어들 수 있는가?' 를 본다. 따라서 기획서를 작성하는 도중 논리적 모순에 빠져서 헤어나오지 못하게 되면 좋은 결과를 기대하기 힘들다. 평가항목에 유념하여 기획절차를 진행하도록 하자.

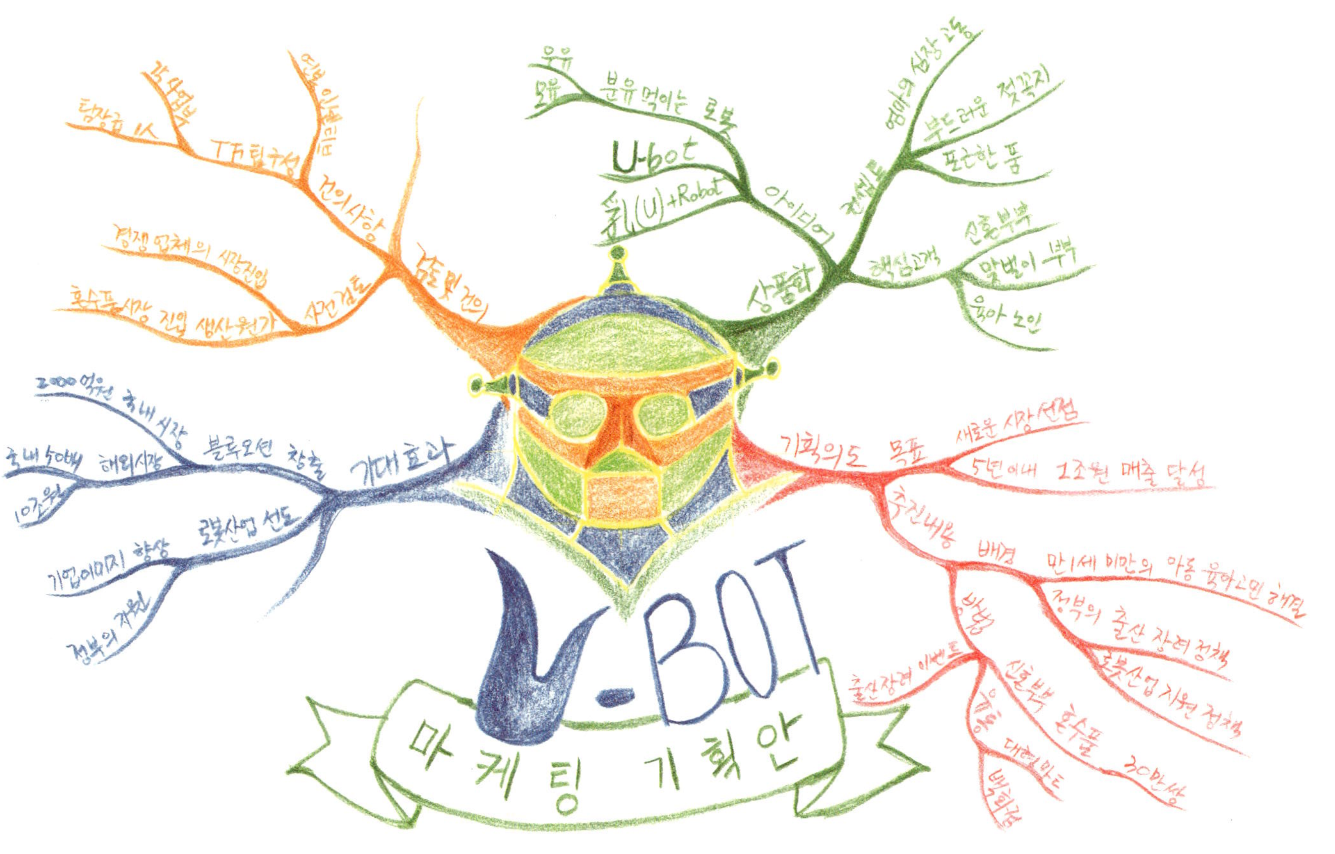

그림 21 ★ 기획안을 마인드맵 형식을 활용, 손으로 직접 그린 예시

대학 2.0시대, 성공 DNA를 주입하라
— 마인드맵®으로 디자인하는 창조적 대학생활

ⓒ 홍영기 · 강호주, 2008

초판1쇄 찍은 날 2008년 4월 10일
초판1쇄 펴낸 날 2008년 4월 15일

지은이 홍영기 · 강호주
펴낸이 장시원
펴낸곳 (사)한국방송통신대학교출판부
　　　　110-500 서울시 종로구 이화동 57번지
　　　　전화 | 영업_02-742-0594
　　　　　　　편집_02-3668-4764
　　　　팩스 | 02-742-0596
　　　　출판등록 | 1982년 6월 7일 제1-491호
　　　　홈페이지 | press.knou.ac.kr

출판위원장 권수열
책임편집 김정규
표지 편집디자인 프리스타일
인쇄 (주)신흥인쇄
기획 마케팅 및 대학 단체 공급 (주)브앤씨

ISBN 978-89-20-92691-4 13010

값 12,000원

* 잘못 만들어진 책은 바꾸어 드립니다.

▪ 마인드맵은 부잔코리아(주)의 등록상표입니다.
▪ 이 책에서 사용하는 마인드맵 용어 및 관련 콘텐츠는 부잔코리아(주)의 승인 하에 〈지식의 날개〉가 출간합니다.
▪ 마인드맵과 관련한 정보 및 자료는 부잔코리아(주) 홈페이지를 참조하세요. www.buzankorea.co.kr